"寻找中国制造隐形冠军丛书"编委会

主　任

> 陆燕荪　国家制造强国建设战略咨询委员会委员

副主任

> 屈贤明　国家制造强国建设战略咨询委员会委员、
> 　　　　高端装备制造业协会合作联盟专家指导委员会主任

委　员（按姓氏笔画排序）

> 王玲玲　吕亚臣　杨松岩　武　鹏　卓卫明
> 周　波　郑锦荣　秦　伟　顾志刚　徐　静
> 唐　波　谢東华　薛　林　魏志强

XUNZHAO
ZHONGGUO ZHIZAO
YINXING
GUANJUN

寻找中国制造隐形冠军丛书编委会 编

魏志强　王玲玲 主编

嘉兴卷

寻找
中国制造
Hidden Champion
隐形冠军

人民出版社

《寻找中国制造隐形冠军》（嘉兴卷）编委会

主　任

卓卫明　浙江省嘉兴市经济和信息化委员会主任

副主任

顾志刚　浙江省嘉兴市经济和信息化委员会副主任

王玲玲　高端装备制造业协会专家指导委员会秘书长

委　员（按姓氏笔画排序）

沈嗣文　张镁利　陈　曦　武　鹏

秦　伟　智　强　谢柬华　黎光寿

总　序

隐形冠军这个概念源自于德国赫尔曼·西蒙（Hermann Simon）教授写的一本书，就是《隐形冠军：未来全球化的先锋》。这本书的中文版出版发行后，隐形冠军这个词很快就在中国流行开来。但很多人并不明白隐形冠军是什么意思，也不清楚隐形冠军在制造业中的地位和作用，所以，我们有必要首先搞清楚它的含义。

西蒙教授这本书的书名很耐人寻味，他把隐形冠军称作"未来全球化的先锋"。西蒙教授认为，经济全球化是人类社会发展的大趋势。他说："世界经济共同体是我对未来的称呼。"与大企业相比较，隐形冠军虽然企业规模不是那么大，但在西蒙教授的眼中，隐形冠军却是人类走向世界经济共同体的先锋。从西蒙教授的书中我们能够看到，德国这个世界制造强国，就是由隐形冠军企业铸就的。

为了准确地理解隐形冠军这个概念，我们用一个实际例子来说明其内涵。以菲尼克斯公司为例，这个公司生产的产品主要是配电柜里的接线端子，它生产的接线端子技术领先，质量可靠。一般人都知道西门子、ABB、施耐德这些世界著名的品牌，但并不知道它们所用的配电柜里的接线端子全部由菲尼克斯提供，像菲尼克斯这样的企业就是隐形冠军。为什么说它是"隐形"？因为它生产的产品不是整机，也就是说，不是一个独立的终端产品，只是产业链上某一个关键环节，从这个意义上来说，我们称其为"隐形"。隐形冠军在全球制造业现代化的进程中，即我们现在讲的数字化、网络化、智能化的进程中，在每条产业链里，它的地位绝对不可忽视。因为一个企业不可能什么都做，最终产品实际上都是组装起来的。关于这个问题，在"纪念沈鸿同志诞辰 110 周年"时，我写了《沈鸿质量思想对新时期机械工业质量工作的指导意义》一文，其中介绍了我国著名机械工程专家、原机械工业部副部长沈鸿同志在 1979 年 2 月 23 日写的文章《关于什么是先进机械产品的探讨》。沈老部长在他的文章中画了一张圆圈图，从品种、质量、成套、服务四个方面对"先进的机械产品"进行了界定和形象的描述。"先进的机械产品"就是从这个圈里出来的，最后形成的成套设备才是生产力。人们通常都知道市场上成套设备的品牌，但在成套设备整个产业链的一些重要环节所用的关键零部件却不为人知，它们隐形于整机之中，生产这些产品的企业我们称之为隐形冠军。

在中国，主机厂和配套厂之间的关系不是单纯的买卖关系，而是一种协同创新的伙伴关系。如山东临工，它把专供其零配件的供应商叫作黄金供应商，山东临工帮助这些企业研发产品，而这些企业也就不再为其他厂家供货，成了山东临工的专门供应商。

从一条产业链来看，配套厂产品质量的可靠性必须达到主机厂信任的程度才可以。那么，配套厂怎样才能向主机厂证明其产品的可靠性呢？那就是配套厂的质量保证体系健全，产品一定要经过试验、认证，才能出厂。在这方面，沈老部长的思想非常重要，他认为，"可靠性是机械产品最主要的质量特征之一，一切产品都要通过试验方可出厂。"《中国制造2025》强调了产业质量技术基础的战略作用，而标准、计量、检测、试验、认证等是其主要技术支撑体系。

人们买东西通常是倾向于购买品牌产品，这是品牌效应的结果，但是如果真正追究其背后的原因，一个品牌还是要包括许多质量指标的。这些指标的建立，就是建立标准，而标准是要统一的。我们现在有很多国家标准、行业标准，但事实上这些标准只是低水平的准入门槛。作为行业领袖的隐形冠军，一般都有远高于国标和行标的自己企业的标准。

比如，有一次我到北京 ABB 公司调研，在现场我询问陪同人员，质量指标究竟到了什么样的标准。这位陪同人员说，他们的标准完全符合中国国家标准和行业标准。我说我不是这意思，我是要问企业的标准。他就生产线上开关的例子回答了我的问题。他说，这个产品的指标，国标要求保证开断 1 万次无故障，但他们公司的控制指标是 3 万次，因此零部件的标准也都大大提高。我们现在要求产品符合国家标准，其实这是低标准，缺乏竞争力。我参加过很多国家标准、行业标准的制定，大家都讨价还价，最后标准的水平只能符合大多数的意见。所以，现在标准改革提倡企业标准，以树立企业品牌。

再如，在三峡工程中，我负责三峡工程机电设备的质量，三峡公司的制造质量标准，包括铸锻件质量标准，都远远高于同类国际标准，形成了我们自己的一套标准，现在外国公司给三峡公司提供产品都要遵从这套标准，三峡公司后来把它列为采购标准，现在又上升为电器行业协会的协会标准。这一系列的指标或标准，作为隐形冠军企业都应该具备。现在，《中国制造2025》的实施战略——强基工程就是要解决这个问题。

菲尼克斯是个典型隐形冠军企业，他们写了一部书，名字叫《面向中国制造2025的智造观》。他们把"制造"改为"智造"，其中包括数字化、网络化，特别强调精益生产。把精益生产纳入到智能制造环节很重要，很多企业忽略了这一点，只强调信息化是不够的。现在也有人提出精益化思维，我觉得生产和思维是不同的。精益生产是"Lean Production"的翻译词，我们要理解原词的含义。麻省理工学院教授写的《改造世界的机器》一书，对精益生产作了详细的阐述。它是从汽车行业推行的"准时化生产（JIS）"发展而形成的生产运行模式。汽车是大批量、流水线生产，在生产环节上不允许有多余的零件存放，它的目标是零库存，当然实际上很难做到，但是要尽量减少库存量，加快资金周转，以提高经济效益。菲尼克斯把精益生产纳入智能制造的内容，很值得研究、推广。

在制造业发达国家都有一个产业转移的现象，但我们看到，发达国家的产业转移是对产业链都做了详细规划的，他们转移的是中低端企业，而产业的整体链条还是在发达国家手中掌握。在这种情况下，中国企业可以收购外国企业，但是它的核心技术并未转移出本国。这也迫使中国企业必须加强自主创新。现在，我们国家也正在经历产业转移这个过程，所以，我们也要有一个像发达国家那样的规划，这个规划的关键包括了如何支持隐形冠军企业真正实现国产化的目标。做这样的规划要以企业为主体，但也要发挥政府的作用。

我们现在对大企业了解得多一些，对于隐形冠军，尤其是各地区的隐形冠军了解得还不是那么清楚。不清楚隐形冠军，实际上就是不清楚我们的产业链和世界制造强国比还有什么样的差距，也说不清楚我们的产业在世界上究竟处于什么样的水平。孙子兵法说"知己知彼，百战不殆"。我们编辑出版这套丛书，就是要搞清楚我国隐形冠军的状况，从而使我们能够制定出一套有效的产业政策，以促进隐形冠军的发展，加速"强基工程"的实施，实现中国制造由大变强。

从我们的现实情况来看，一个地区隐形冠军的培育和发展，离不开地方政府的支持。比如，在产业政策、经济金融等方面都需要地方政府制定出有利于隐形冠军企业发展的长效机制。再如，有些研发项目需要持续5年、8年，甚至10年，民营企业很难承受这种投资大、周期长、利润低的项目，这就需要政府的支持。中国最近提出要建立国家实验室，这对于建立长效创新机制有重大作用。

我们编辑出版的"寻找中国制造隐形冠军丛书"，将分行业卷和区域卷出版。我们希望各行业协会、地方政府能够对隐形冠军企业和这套丛书的编辑工作给予大力支持。

西蒙教授在他的书中把隐形冠军定义为"未来全球化的先锋"。今天，全球化的激烈竞争已不单是一个个企业的单打独斗，而是产业链的竞争，一个行业领军企业只是"冰山一角"，需要无数的供应商或协作方（包括服务类组织）等"隐形冠军"来支持和保障。中国制造要走出去，走全球化之路，必须打造我们完整的供应链和创新共同体，形成整体竞争优势。拥有这一整体竞争优势的前提，就是看我们能否培育和发展出一批隐形冠军企业。

因此，在这里我们呼吁社会各界支持中国隐形冠军的发展，关注并支持"寻找中国制造隐形冠军丛书"的出版。

陆燕荪

2017 年 10 月

目　录

第一部分　机　械

第二部分　电信　电力电子

第三部分　材　料

序　言

隐形冠军的缘起

隐形冠军是一个定义企业的流行词，源于德国赫尔曼·西蒙（Hermann Simon）教授在《隐形冠军：未来全球化的先锋》一书。在这本书中，西蒙提出了隐形冠军企业的三个标准：

1. 世界前三强的公司；

2. 营业额低于 50 亿欧元；

3. 不是众所周知。

满足这三个标准的企业，西蒙称之为隐形冠军。第一个标准标志着隐形冠军的市场地位，是指在一个细分市场中隐形冠军所占的市场份额。第二个标准是一个动态标准，2005 年，西蒙把它确定为 30 亿欧元。第三个标准是指不为消费者所知。隐形冠军虽然在某个细分市场中为客户所熟知，但因它生产的是工业品、原材料等，不是终端消费品，所以，一般不为大众所知。

西蒙认为，隐形冠军战略有两大支柱：第一个支柱是集中和深度。隐形冠军一般都在一个细分市场里长期精耕细作，并强调服务的深度。由于隐形冠军的业务都是集中在某个领域，所以，国内市场有限，这就产生了隐形冠军战略的另一个支柱，就是市场营销的全球化。因此，隐形冠军是"未来全球化的先锋"。

西蒙关于隐形冠军的思想对中国有很大的影响，以至于中国政府制定了这方面的顶层设计方案。2016 年 3 月 16 日，工信部印发《制造业单项冠军企业培育提升专项行动实施方案》（以下简称《方案》），这个文件所说的单项冠军实际上就是西蒙定义的隐形冠军。

《方案》提出，制造业单项冠军企业是指长期专注于制造业某些特定细分产品市场，生产技术或工艺国际领先，单项产品市场占有率位居全球前列的企业。工信部产业政策司司长许科敏说："制造业单项冠军企业包含两方面内涵：一是单项，企业必须专注于目标市场，长期在相关领域精耕细作；二是冠军，要求企业应在相关细分领域中拥有冠军级的市场地位和技术实力。从这个意义上讲，单项冠军与德国赫尔曼·西蒙教授提出的'隐形冠军'概念是十分类似的。"

《方案》强调，制造业单项冠军企业是制造业创新发展的基石，实施制造业单项冠军企业培育提升专项行动，有利于贯彻落实《中国制造 2025》，突破制造业关键重点领域，促进制造业迈向中高端，为实现制造强国战略目标提供有力支撑；有利于在全球范围内整合资源，占据全球产业链主导地位，提升制造业国际竞争力。

寻找中国制造的隐形冠军

我们在策划这套丛书时，首先碰到的问题就是如何界定和选择中国制造的隐形冠军。何谓"隐形"，隐在何处？何谓"冠军"，冠在哪里？在这些方面，我们吸收了工信部《方案》和西蒙教授的思想，但也有不同。

一提起隐形冠军，人们通常会把它归结到单纯的制造领域，实则不然。"那种认为德语区的企业只是在机器制造领域保持技术领先的观点是错误的。我们在消费品和服务领域里，同样可以找到相当数量的说德语的世界市场的领导者。"西蒙说，"有超过 2/3 的隐形冠军（确切地说是 69%）活跃在工业领域。1/5 的隐形冠军涉及消费类产品，另有 1/9 属于服务业。"显然，西蒙认为，隐形冠军在机器制造、消费品和服务业三大领域。

隐形冠军不单单在制造领域，但西蒙说的三大领域也还需要细化。例如，服务业应主要指生产性服务业，消费品（包括耐用消费品）领域应指那些为终端产品提供配料、配件、原材料等的企业。因此，我们认为，隐形冠军应主要在工业品、消费品、生产性服务业、原材料四个领域，但它生产的不是终端产品或消费品，而是被"隐形"于终端产品或消费品之中的中间品，它是成就终端产品和消费品品牌不可或缺的关键因素。

关于"冠军"的确定，我们也有自己的考虑。由于我们寻找的是中国制造的隐形冠军，所以，在市场地位方面，本书认为，在中国市场的某一个细分领域排名前三的企业即是我们要寻找的隐形冠军，而且我们更强调隐形冠军对市场的引领和带动作用。

隐形冠军企业的成功模式和发展战略

我们在写作《寻找中国制造隐形冠军》（嘉兴卷）的过程中，发现中国的隐形冠军企业与德国的隐形冠军企业有诸多不同，它们有自己的成功模式和发展战略。

首先，中国的隐形冠军都在探索适合自己发展的企业组织形式。德国隐形冠军主要是家族企业，很多有百年以上的历史。德国隐形冠军企业选择家族企业组织形式是有其自身原因的，并不说明那是唯一的选择，在21世纪的今天也不能说那是最优选择。我们在浙江嘉兴考察隐形冠军企业时，发现很多企业都从家族企业走上了上市公司之路，没上市的也在筹划上市。中国的隐形冠军绝大多数产生在改革开放之后，没有德国隐形冠军的悠久历史，要想追赶上制造强国的隐形冠军，在企业组织形式上不能拘泥于家族企业，应选择更适合自己发展的企业组织形式。

其次，中国的隐形冠军有自己对创新的理解。现在，我们把创新定义为科技创新（科学和技术），把科技创新的成果应用到企业并生产出产品称为"转化"。创新是从国外引进的概念，在英语世界里，科学成果叫发现，技术进步叫发明，企业研发、生产、经营管理的成果才叫创新。因此，创新是一种商业组织即企业满足市场需求的商业行为。我们已经考察的隐形冠军说明，企业的创新都是有商业价值的创新，都是为了更好地满足客户的需求，这一点不同于科学活动中的发现，也不同于一些没有商业目标的技术研究。例如，浙江京马电机公司的创新就是集中在产品性能的提高上，该公司强调产品效率、温升、噪音、震动、功率等指标的不断改进。这里面的每一项创新都和产品有关，都和市场需求有关，都和企业的盈亏有关，完全不同于科学发现和技术发明。可见，科学发现和技术发明固然重要，但不能因为它重要，就把它混同于企业的创新，也不能说发明、发现就高于面对市场的企业的创新。准确地把握这些基本概念和常识，科学家才能专注发现，技术专家才能专注发明，企业家才能专注创新，隐形冠军企业才能做好自己的产品。

再次，隐形冠军在全球化中平衡自己企业的发展战略。在全球化过程中很多人看到的是"世界是平的"，例如，托马斯·弗里德曼出版专著《世界是平的》。他看到的是遍布世界的麦当劳、星巴克、好莱坞电影以及在谷歌上网等。但也有与他不同的观点认为，世界不完全是平的，它有国界、文化差异、价值观冲突等。这说明世界还没有那么平。隐形冠军应在这样一个全球化过程中找到标准化和差异化的平衡。我们考察嘉兴的闻泰科技就验证了这一点。闻泰科技是一家全球最大的手机 ODM 公司，它有自己出方案的业务，也有代工业务。前者需要差异化，后者需要标准化。闻泰科技对差异化和标准化有比较好的平衡。由此还引申出另外一个问题，就是市场地位如何体现？是按标准化去做量，还是按差异化去满足个性化需求？这也是对隐形冠军的挑战。关于这一点，我们赞同西蒙的观点，即隐形冠军的市场地位更应从引领市场理解。引领市场的维度包括确定方向、制定标准、超越客户等。闻泰科技就是一家引领市场、制定标准，并与客户共同开发产品的隐形冠军，如小米红米系列、华为畅享 6/6S、联想乐檬 K 系列、魅族魅蓝 Note 和 E 系列等都是与闻泰科技合作的成功案例。另一个案例是浙江京马电机公司与老板牌抽油烟机合作开发终端产品，这说明京马在很多方面已超越了客户，以至于客户在做广告时使用京马电机为其背书，这种合作关系使京马这个隐形冠军通过老板牌抽油烟机的广告"现形"于大众。

最后，我们有一个很重要的发现，就是中国制造隐形冠军有明显的区域集群发展的特征。例如，在长三角、珠三角的一些城市就有集中产生隐形冠军的现象，形成了一个个隐形冠军区域集群。它不同于产业集群，从产业链来看，这些隐形冠军企业的产业关联性并不像产业集群那样大，甚至没什么关联性。这些隐形冠军生产的产品大多与民生息息相关，它们除了在某个细分市场有举足轻重的地位之外，对地方经济发展也有引领和带动作用。为什么这些区域能产生隐形冠军企业集群？我们考察嘉兴地区的结论，主要是企业家精神和工匠精神使然。这种现象给我们留下了一个需要继续探究的问题，那就是他们的企业家精神和工匠精神是怎么培育出来的？

以上思考来自于对嘉兴地区隐形冠军企业的考察和思考，其他城市的隐形冠军可能还有不同之处，随着本丛书工作在更多城市的展开，我们将进一步丰富有关中国制造隐形冠军成功模式和发展战略的研究成果。

中国制造需要更多的隐形冠军

根据西蒙的统计，全球隐形冠军企业共 2734 个，其中德国有 1307 个，几乎占了一半，中国只有 68 家，远低于德国。从每百万居民的隐形冠军数量看，德国为 16，中国仅为 0.1，与德国的差距很大。

隐形冠军是决定一国制造业是否强大的基石。从拥有隐形冠军企业的数量上来看，中国要实现制造强国战略还任重而道远。不过由于中国正处于发展的初期阶段，西蒙预测，"可以想象，中国的隐形冠军数量将在未来 10—20 年里大幅增加。"

工信部的《方案》正是培育提升中国制造业隐形冠军的顶层设计方案。2016 年，工信部推出制造业单项冠军示范（培育）企业名单，第一批示范企业共 54 家，培育企业 50 家。2017 年，此项工作正在推进。

国务院发布的《中国制造 2025》提出，到 2025 年中国要进入世界制造强国方阵，制造业水平达到德国和日本的水平。但从隐形冠军这项关键指标来看，中国制造整体赶超德国和日本制造的任务还是非常之重。

不过，如果我们把隐形冠军所在领域像西蒙那样从机器制造领域拓展开来，把它确定在工业品、消费品、原材料、服务业四大领域，到了 2025 年，或许我们就会有理由更加乐观一些。我们在嘉兴一个城市就寻找到了 26 家隐形冠军企业，在中国像嘉兴这样的城市，甚至比嘉兴工业更发达的城市还有很多，我们相信，在这些城市会孕育出更多的隐形冠军企业。

习近平总书记在党的十九大报告中指出："中国特色社会主义进入新时代，我国社会主要矛盾已经转化为人民日益增长的美好生活需要和不平衡不充分的发展之间的矛盾。"隐形冠军企业是解决中国经济发展"不平衡不充分"问题的主要力量。

《寻找中国制造隐形冠军》（嘉兴卷）是"寻找中国制造隐形冠军丛书"的开篇之作，作者在调研和写作中得到嘉兴市经信委的大力支持，在此我们对嘉兴市经信委深表谢意！

我们还要感谢人民出版社通识分社领导对《寻找中国制造隐形冠军》（嘉兴卷）出版工作的支持，同时向付出辛勤劳动的编辑和其他工作人员致以深深的谢意！

这套丛书的写作方法有较大创新，每篇文章都是由工业专家和记者在对企业进行深入调研和采访的基础上，由记者执笔而成。我们深知，由于时间仓促、作者水平有限，书中不足之处在所难免，敬请读者批评指正。

"寻找中国制造隐形冠军丛书"写作组

2017 年 10 月

前　言

　　嘉兴市位于浙江省东北部、长江三角洲杭嘉湖平原腹心地带，是长江三角洲重要城市之一。市境东临大海，南倚钱塘江，北负太湖，西接天目之水，大运河纵贯境内。市城处于江、海、湖、河交汇之位，扼太湖南走廊之咽喉，与沪、杭、苏、湖等城市相距均不到百公里，区位优势明显。全市陆域东西长 92 公里，南北宽 76 公里，陆地面积 3915 平方公里，其中平原 3477 平方公里，水面 328 平方公里，丘陵山地 40 平方公里，市境海域 4650 平方公里。

　　嘉兴自古为繁华富庶之地，素有"鱼米之乡""丝绸之府"的美誉。嘉兴是新石器时代马家浜文化的发祥地，距今 7000 年前市境就有先民从事农牧渔猎活动。春秋战国，吴越角逐，楚国称霸；秦汉时，煮海为盐，屯田为粮；三国时，吴国以嘉禾为祥瑞，始称嘉兴；隋唐时，大运河贯通，嘉兴已成为东南重要产粮区，有"嘉禾一穰，江淮为之康；嘉禾一歉，江淮为之俭"的说法；宋元时，嘉兴经济较发达，被称为"百工技艺与苏杭等"，"生齿蕃而货财阜，为浙西最"，乍浦、澉浦、青龙等港口外贸频繁，海运兴隆；明清时，嘉兴在农业和手工业发展的基础上，商品经济日渐繁荣，棉布丝绸行销南北，远至海外，嘉兴王江泾镇的丝绸有"衣被天下"的美誉，嘉善有"收不完的西塘纱"的谚语，桐乡濮院镇丝绸"日产万匹"，名闻遐迩。嘉兴不仅以物产丰富、风光秀丽享有盛名，还因中国共产党第一次全国代表大会在这里胜利闭幕而备受世人注目，是中国共产党诞生地，是我国近代史上重要的革命纪念地。

改革开放以来，嘉兴逐渐由以农业经济为主的农业市转变为以工业经济为主的工业市，初步形成了具有嘉兴特点的现代工业体系。工业经济在嘉兴发展中已具有重要战略地位，不仅成为地区经济的主体、吸纳就业的主要渠道和财政收入的主要来源，也是带动城镇化、现代服务业和新农村建设的根本动力。近年来，嘉兴工业经济发展呈现出一些显著特点：

一是工业实力日益增强。全市工业增加值由 1978 年的 3.91 亿元提高到 2016 年的 1727.09 亿元。2016 年，5063 家规模以上工业企业全年实现主营业务收入 7303.77 亿元，增长 4.5%；利税总额 761.76 亿元，增长 17.5%，其中利润总额 495.72 亿元，增长 25.9%。2016 年，全市完成工业投资 1225.4 亿元，同比增长 9.6%，总量和增速均列全省第三；其中技改投资 1023.3 亿元，同比增长 17.4%，总量列全省第三，增速列全省第二。2016 年，工业增加值占全市生产总值的 45.9%，工业从业人员占全社会从业人员的 48.8%，工业税收占税收总收入的 55.3%。

二是工业结构不断优化。2016 年，全市实现高新技术产业产值 3347.3 亿元，装备制造业产值 1974.7 亿元，分别占规模以上工业总产值的 42.7% 和 25.2%，比 2011 年分别提高了 24.0 个和 4.2 个百分点；战略性新兴产业实现增加值 573.8 亿元，占规模以上工业增加值的 37.2%，占比较全省平均高出 14.3 个百分点；"互联网+"等新业态迅猛发展，2016 年实现网络零售额 1113.1 亿元，同比增长 33.2%；纺织、服装、皮革、木材加工、家具制造、造纸、化纤、橡胶和塑料制品等八大传统产业的规模以上产值为 3153.9 亿元，占规模以上工业总产值的 40.2%，占比较 2011 年下降 3.5 个百分点。2012—2016 年累计淘汰落后产能涉及企业 4564 家（项），腾退低效用地 5.8 万亩。"十二五"期间单位 GDP 能耗累计下降 19.4%，超额完成目标任务。

三是创新能力日趋增强。2016 年，全市规模以上工业企业研发经费支出 105.69 亿元，占 GDP 比重为 2.8%，占比较 2011 年增加了 0.8 个百分点；规模以上工业企业专利申请数、发明专利申请数、有效发明专利拥有量分别为 8504 件、1827 件和 2863 件，比 2011 年分别增长 45.6%、137.9%、267.5%；实现新产品产值 3127.3 亿元，比 2011 年增加 1358.2 亿元；新产品产值率为 39.9%，比 2011 年提高 8.7 个百分点。伴随创新能力的提高，企业生产效益显著改善，规模以上工业全员劳动生产率从 2011 年的年均 13.8 万元/人提高到 2016 年的 18.9 万元/人，年均增长 6.5%。目前，嘉兴被列为浙江省全面创新改革试验区、区域创新体系副中心，国家科技进步示范市、国家创新型试点城市和国家知识产权示范城市，市及所辖五个县（市）已经连续七轮实现全国科技进步考核和科技创先"满堂红"。加西贝拉压缩机有限公司分别荣获全国质量奖和中国质量奖提名奖，巨石集团有限公司荣获全国质量奖。

四是互联网经济方兴未艾。嘉兴紧紧抓住世界互联网大会永久落户乌镇的重大历史机遇，高度重视以互联网为核心的信息经济发展，制定了《关于建设互联网经济强市的实施意见》，在强产业、强应用、强基础、强保障上下大力气，取得了明显成效。全市规模以上电子信息制造业完成产值首次突破 1000 亿元大关，达到 1047.3 亿元，占全市规模以上工业总产值的比重达到 13.3%，全市信息经济服务业营业收入实现 104 亿元，同比增长 30%。嘉兴信息网络基础设施发展水平和全网综合通信能力在全国名列前茅，"两化"融合走在全省前列。乌镇通信网络水平位居国内乡镇第一，智能终端、通信电子等产业初现优势。2016 年乌镇互联网创新发展试验区升格为国家级试验区，嘉兴被列为国家信息经济试点城市。

工业经济的主体是工业企业，嘉兴历来重视企业的培大育强。"十二五"期间，针对工业企业发展，嘉兴实施了"大企业倍增"计划，通过强化技术、土地、资本、人才、服务等要素供给，扶持企业做优做强，取得了较好成效，"十三五"以来，又启动了"知名企业、知名品牌、知名企业家"培育工程，努力打造技术、管理、制造方式和商业模式创新的优势企业，目前，全市已经形成了近 120 家年营业收入超 10 亿元的制造型企业群体，涌现了一批拥有自主知识产权、创新能力强、市场占有率位居行业前列的行业龙头企业。

在这些企业中，有一批引领细分市场、具有市场领导地位的"隐形冠军"，也有一批企业在行业内取得了优势地位、拥有了一定的话语权，已经具备了"隐形冠军"的潜质。这些企业是嘉兴经济生生不息的源泉所在。但由于本书篇幅有限，我们此次仅从全市的高端装备制造、电子信息、新材料等重点产业领域，选择了 26 家生产技术和工艺领先、经营业绩良好、长期专注于特定细分市场并具有市场领导地位的"冠军"企业，通过集中宣传这批"隐形冠军"企业坚持"十年磨一剑"的精神，引导更多企业走"专特优精"的发展道路，主动突破制造业关键重点领域，提升嘉兴制造业综合竞争力和可持续发展能力。

当前，为了更好地适应新常态、引领新常态，我们以深化推进"制造业强市""互联网经济强市"建设为抓手，积极围绕《中国制造 2025 嘉兴行动纲要》战略部署，坚定不移地全方位推动制造业向智能化、绿色化、服务化、国际化方向发展：积极推动实施"机器换人""智能制造""技术创新"和"绿色制造"为主的企业技术升级改造项目，提升存量质量；积极培育个性化定制、工业电商、协同制造、工厂物联网、服务型制造等两化融合发展新模式，大力发展工业云和大数据服务，强化工业软硬件供给和服务能力；抓住"一带一路"战略发展机遇，积极谋划好企业"走出去"和"引进来"；深化差别化资源要素配置改革，推广光伏应用，发展核电、风电等清洁能源，不断优化用能结构；全面落实降成本政策措施，实施企业精准服务；积极推进企业股改上市和大企业协同中小企业共同发展，营造创业创新良好氛围，打造更多、更强的"隐形冠军"。

《寻找中国制造隐形冠军》（嘉兴卷）编委会

2017 年 10 月

第一部分

机　械

第一篇
加西贝拉：恒者致远　止于至善

陈　曦

2017 年 9 月 5 日，中共中央国务院下发《关于开展质量提升行动的指导意见》，开篇第一句就是："提高供给质量是供给侧结构性改革的主攻方向，全面提高产品和服务质量是提升供给体系的中心任务。"

看着指导意见，笔者回想起 2014 年年底，到加西贝拉压缩机有限公司（以下简称加西贝拉）采访，他们正开展为期三年的"优化服务，强化质量"全员竞赛活动（下简称"两化"竞赛），后来也看到听到加西贝拉近三年深入"两化"竞赛，弘扬"工匠"精神，主业新业齐头并进，各项经济技术指标连年创新高。在钦佩加西贝拉站位高，看得远，又一次走在时代的前列之时，为深度探寻加西贝拉 29 年闪亮足迹背后的秘籍，笔者近日又来到加西贝拉。

"吱吱"的机械臂旋转扭动声，"嘶嘶"的传送带有节奏的传动声，这就是加西贝拉第三工厂宽敞整洁的车间里全部的声响。当然，偶尔夹杂几声人语，剩下的就是，一排排流水线和高大的机器人手臂在有序操作。

在这样的车间里，每条生产线平均不到 6 秒就可以生产出一台压缩机，放眼全球，其速度无厂家能出其右。加西贝拉在全球冰箱和冰箱压缩机行业是一个"响当当"的名号，但对普通冰箱消费者来说，加西贝拉就像其产品——压缩机隐藏在冰箱内一样，这个"隐形冠军"并不为大多数人所知晓。

经过近 30 年的发展，加西贝拉在国内无疑是综合竞争能力最强的冰箱压缩机研发制造企业之一。其综合竞争能力最直观的体现是其堪称"豪华阵容"的客户群。近年来，加西贝拉每年的出口量均保持在年销量的 50% 以上，主要出口欧洲、美洲、亚洲、澳洲和非洲等五大洲，涉及美国、德国、澳大利亚、西班牙、土耳其、意大利、波兰、泰国、日本、印度、南非等 30 多个国家和地区，

加西贝拉技术研发中心大楼

不但为海尔、海信、美菱、美的等这些国内知名企业配套，更是德国博世—西门子、德国利勃海尔、瑞典伊莱克斯、美国惠而浦、日本夏普等国际著名冰箱生产企业的供应商，其已占领全球冰箱压缩机高端市场的半壁江山。以博世—西门子为例，目前，加西贝拉每年为其全球工厂配套超过 50% 以上。

这些成就的背后，是加西贝拉的企业哲学：恒者致远，止于至善，其中蕴含了加西贝拉人治企之道、求新之道、成才之道。

治企之道，坚守质量服务关

压缩机，属精密机械制造，由 70 多个零部件组成，每一个零部件的每一个细节都不容忽视。目前，我国的压缩机行业产能过剩，低端压缩机竞争激烈，企业利润微薄。加西贝拉瞄准的高端压缩机却依然供不应求。与很多其他制造业类似，中低端饱和，高端紧俏，不同的是，压缩机的高端制造企业就在中国，而不是欧美国家。

"没有失败的行业，只有失败的企业！只要坚持以技术创新提升质量为核心，走专业化、高端化、国际化的精品路线，就能够在世界制造业中占据一席之地！"加西贝拉党委书记、总经理朱金松说。

加西贝拉的创业历程，堪称一个引进、消化、吸收、再创新的典范案例。1988 年 12 月，加西贝拉作为浙江省"七五"重点工程，以中外合资的形式成立，全套引进意大利阿斯帕拉（Aspera）公司压缩机技术产品和装备。

顶着重点工程的光环，肩负着振兴中国压缩机制造业的使命，加西贝拉受到的关注不言而喻。引进设备之初，加西贝拉面对的问题与所有同类型企业一样——怎样掌握生产工艺，把设备用好，生产出合格的产品。为此，嘉兴市抽调 23 家企业的各类专业技术人员和加西贝拉新聘的 200 多名大中专毕业生集中参与了压缩机项目"大会战"。经过几年的磨合，加西贝拉充分地消化、吸收了引进技术。同时，因为多年坚持对质量严格要求，"加西贝拉（jiaxipera）"牌压缩机获得了行业的一致认可，并且荣获"中国名牌"称号。

入职加西贝拉的每一位员工，不管是普通操作工还是企业管理人员上的第一堂课都是企业文化，加西贝拉的每一位员工最先在企业学到的是责任感，而一家制造业企业最大的责任就是为社会提供高质量的产品。朱金松经常对干部员工讲，"做精品，是为了企业的生存和发展，更是为了民族的尊严和骄傲。实现质量强国梦，是我们坚定不移的追求。"看似冠冕堂皇的话，在加西贝拉真正落地了，近年来，加西贝拉结合全球高端客户的审核标准，导入 ISO/TS16949 质量体系，接轨国际，不断提升系统化管理水平，获得德国博世—西门子 A 级供应商、瑞典伊莱克斯"技术创新"大奖和美国惠而浦"质量大奖"等。2016 年 3 月，加西贝拉荣获"中国质量奖"提名奖，这是中国政府质量领域的最高荣誉。

在管理层面上，加西贝拉党委副书记、常务副总经理周建生介绍，加西贝拉从 2007 年导入卓越绩效模式并获得了成功，一步一个台阶，从领导、战略、顾客、资源、过程管理、测量、分析与改进等方面进行了系统的、全方位的管理。通过运营管理的提升，促进产品质量的提升。因为技术和质量的提升，加西贝拉吸引了更多的高端国外客户。

如今，加西贝拉的产品包括 6 大系列、300 多个规格，满足全

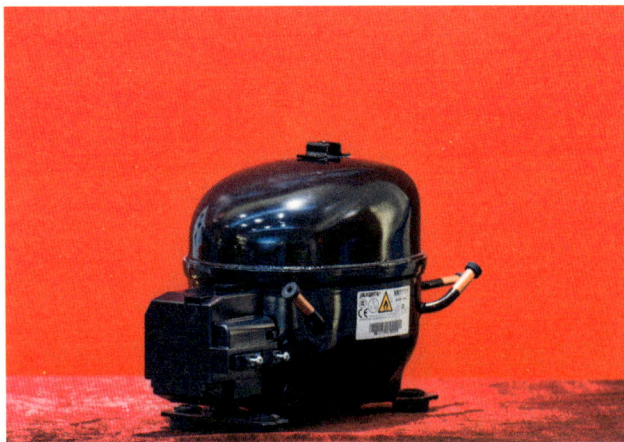

加西贝拉产品

球 30 多个国家的高端冰箱企业的需求，其中 50% 的产品出口。加西贝拉连续 16 年实现产销总量、产品性能、经济效益国内行业三个领先，连续 11 年出口第一，综合竞争力国内行业第一、全球第二。

求新之道，技术创新 + 工艺创新 + 管理创新

创新一直是中国企业的短板，加西贝拉深知，自己从引进设备开始，就已经比外国企业慢了一步。要赶上这一步，必须在创新上下苦功。周建生介绍，加西贝拉对创新的定义，已经超越了产品层面，"在技术创新上，我们不断加大投入，搭建平台，集聚人才，健全机制，完善产品技术创新体系。"2008 年 1 月，加西贝拉荣获"联合国示范项目贡献奖"。目前，加西贝拉拥有国家专利技术 140 多项，其中发明专利 20 多项，在行业内有了举足轻重的话语权。作为冰箱压缩机国家标准修订组长单位、全国家电标委会电冰箱压

缩机工作组秘书处单位，组织参与修订制定 2 项国际标准、4 项国家标准、6 项行业标准，并牵头制定了冰箱压缩机的"浙江制造"标准。

回顾加西贝拉创新之路，他们围绕无氟化、高效化、小型化、变频化，填补了国内一项又一项空白。产品重量从 11 公斤、8.5 公斤、7 公斤到 4.8 公斤，实现产品的小型化；能效比从 0.9、1.25、1.90 攀升到 2.2，不断取得高效化的突破，技术水平达到世界先进水平。

加西贝拉最初引进的是西方设备，在当时，甚至现在，西方的设备就意味着先进。然而加西贝拉依然认为，没有最好只有更好，外国设备虽然好，但是根据企业自己的需求，还有提升空间。于是，加西贝拉把引进—消化—吸收—再创新这条路坚持了下来。

20 世纪 90 年代末期，全球行业的大佬纷纷在国内建厂，北京恩布拉科、上海扎努西、无锡松下等强势上马。面对国际化竞争，朱金松并没有选择低价路线，而是一再强调创新是唯一出路。1999 年，公司建立起行业首家省级技术中心，在引进—消化—吸收的基础上，着重对产品、技术再创新，同时，在内部实施一系列适应市场经济要求的人事、分配等管理的变革创新。

周建生说，最近 16 年，加西贝拉做的是自主创新。进入 21 世纪，曾与加西贝拉并驾齐驱的杭丽、玉环等国有、民营企业由于缺乏创新，先后退出市场，而加西贝拉以创新为引擎，产销总量、产品性能、经济效益等一直保持国内领先，跻身全球行业前列。

"通过内外合作，每年努力开发 1—2 款革命性产品，突破 2—3 项基础技术研究，以技术领先带动市场领先和效益领先。"这是加西贝拉近两年的科研目标。"我们的技术研发投入不设预算，只要需要，该投多少就投多少。"在朱金松眼中技术创新分量之重可见一斑。2002 年起，公司每年研发经费在销售收入中的占比保持在 5% 以上，其新产品产值率近年来一直在 50% 以上。近几年来，用于技术研发和科研的投入累计达数亿元，年均增幅逾 15%。2016 年年底，随着投资 1.5 亿元、建筑面积近 2 万平方米的技术研发中心新大楼建成启用，拥有世界一流的压缩机技术研发平台的加西贝拉更是如虎添翼，为技术创新和产品开发提供了强有力保障。

高端技术的研发让加西贝拉能屹立在全球压缩机前列，工艺创新让加西贝拉在不增加设备投入的情况下提高产能，进而提升了利润率。一工厂在不增加一分土地的条件下，产能提升 5 倍，成为行业集约型内涵式发展的典范。2007 年，二工厂建成"产品自主研发、工艺自主确定、设备自主选型"的国内行业首条示范生产线。2013 年，三工厂建成"产品技术世界领先、工艺水平世界先进、生产节奏世界第一"的全球行业领先生产线。公司最新投产的变频生产线更是世界一流，这条生产线产品是公司自主研发的，拥有自主知识产权，科技含量高，达到国际领先水平，其技术创新填补了国内空白，引领了整个行业的产品结构改善。

世界一流的企业除了有过硬的技术，还必须具备先进的管理体系。加西贝拉深知，管理创新的重要性丝毫不低于技术创新，有了完善的管理体系，企业才能顺畅运转。

20 年前，加西贝拉就开始了物资采购规范化管理。公司制定招标体系，加强成本管理，让采购透明化。后来，公司还在废品出售、设备采购等方面推进招标，实现管理的制度化、规范化。

周建生说："加西贝拉管理制度的优势是科学性、系统性、有效性。"以人才体系建设为例，加西贝拉的管理人员实行竞聘上岗，一年一聘，能上能下。通过每年的考核和评价，决定企业内干部的去留，加上本来就畅通的沟通渠道，最大限度地让人才有发挥的舞台。加西贝拉的质量管理升级涉及多个方面：人员的培训，设备的维护，物料的供应，工艺的改进，作业环境的改善，线下线上的测量和整体监控。通过全方位系统升级，公司的质量管理水平和产品质量持续提升。获得博世—西门子、惠而浦等全球高端顾客的高度认可。加西贝拉还在行业内率先导入卓越绩效模式，视角不仅仅局限于产品质量、工作质量、服务质量，还牢牢把握住企业的管理质量、运营质量、发展质量，通过建设先进文化，落实发展战略，聚焦顾客市场，优化资源配置，完善过程管理，关注员工、股东、顾客、社会、合作伙伴等相关方利益，提升管理的系统性和有效性，实现由"小质量"到"大质量"的跨越。

成才之道，为员工提供更广阔的舞台

加西贝拉的人才战略，已经超越了吸引人才、留住人才，而是延伸到成就人才。周建生说，"加西贝拉除了感情留人、待遇留人，更重要的是事业留人，共同的愿景，世界冠军梦，激励着员工团结奋斗，创新超越。"

2015 年，加西贝拉的一个客户对压缩机噪声提出了新的要求，而当时加西贝拉的意大利设备原有的曲轴箱气缸孔相对螺钉孔位置度的精度制约了对压缩机噪声控制的提升空间。面对这样的困境，机加车间（二厂）的维修工段长金阳，带领维修工段挑起了此项技改工作。他采用整体定位方式取代原有两个定位销定位的方式，设计制作整体定位块，解决了五孔位置度偏移不稳的情况，满足了客户的要求。

近两年间，金阳和团队成员完成技术创新 77 项，累计创造价值 243.71 万元。车间里活塞销孔外倒角和钻油气孔采用手工上下料和加工，效率低、隐患大，他采用振动上料、两道工艺组合、直线加工的方式解决了问题，实现提效 60%，引得外协厂家竞相模仿。

所谓"名师出高徒"，金阳背后的"名师"钱辛慰也是值得敬佩的"匠人"。1991 年，30 岁刚刚出头的钱辛慰进入加西贝拉，25 年来，他一直在车间里刻苦钻研，对每一台设备的核心结构都了然于胸。以其命名的"钱辛慰技能大师工作室"完成技术创新成果累计达 412 项，共创造经济效益近 1500 万元。

在加西贝拉"人人都能创造奇迹"。像金阳、钱辛慰一样的大批人才在加西贝拉找到了发展舞台。在加西贝拉，无论是普通工人，还是企业管理者，任何岗位员工的改革和管理创新无论大小，都能得到充分的肯定，踏实、专注、求精的"工匠"气质已经蔚然形成。

孙传江"曲轴箱锥孔珩磨法"、徐建新"自动锁压式充气操作法"、郭晓燕"定子目测九步操作法"、周志祥"一吨中频电炉筑炉法"等，这些以职工名字命名的省级操作法创新项目在加西贝拉时常出现。加西贝拉获市级以上职工名字命名操作法有 10 多项。因为某一位员工的坚持创新，让生产效率提高，让企业获得收益，他们的名字被企业所铭记。同时，让员工留名又激发了员工的创造性，为日后企业发展奠定了人才基础。

任何一家企业，想留住优秀员工，要么提供发展平台，要么提供优厚的薪酬。在加西贝拉，还给出了第三条关键因素——打通员工与企业的沟通渠道。通过搭建并完善有效的员工关系沟通平台，尊重员工的个人价值，理解员工的具体需求，加强对员工的关怀。另外，加西贝拉设计更合理完善的员工培训、薪酬、福利等体系和员工职业发展规划，最大限度地激活员工活力，发挥出每个人的潜能，以人为本建设一支和谐有为的团队。近年来，公司引进了一批由博士、硕士组成的 60 多人的国际化人才团队，核心研发队伍扩充到 200 多人。

打造国际一流压缩机品牌

为了及时了解国外行业趋势，加西贝拉在西班牙巴塞罗那、美国亚特兰大等地设立技术营销中心，一个全球化人才、全球化市场、全球化采购、全球化资源的国际化企业正在成型中。

加西贝拉是全球唯一进入世界十大品牌冰箱市场的压缩机企业，是德国博世—西门子全球唯一的压缩机优秀供应商。这样的成绩得益于其从最开始就瞄准全球市场，把自身定位放在立足中国，面向国际，全球布局，做强做优做大压缩机主业上。

战略目标是从战略层面对企业经营活动预期成果的概括。战略目标的设定，要求能够科学分析应对战略挑战和发挥战略优势，能够反映产品、服务、经营等方面的创新机会，能够均衡考虑长、短期的挑战和机遇以及所有相关方的需要。

加西贝拉经过多年在行业内的经营，在国际市场的打拼，设定了以技术创新为核心，以品牌建设为突破，以人力和财务资源为保障，以文化建设为动力，以信息化提升精细管理为基础，通过体制和机制的创新、产品和市场结构的调整，通过加强节能减排和资源综合利用，完善配套产业链，增强综合竞争力的企业战略。

　　展望"十三五"，面对新时代提供的新机遇和新挑战，加西贝拉的选择是主动学习，前瞻思考，以变应变。朱金松认为："在互联网时代，传统制造企业的转型升级更要运用互联网思维，要通过互联网平台的运用，提升制造的个性化水平、智能化水平、精品化水平，并通过互联网技术与物流、订单等的结合，以优质的产品和服务满足用户需求。"

　　在全球化的大变革中，在世界制冷业基地向中国转移的机遇下，在已经打开高端市场的优势下，加西贝拉将继续通过打造世界级的制造基地和研发中心，全方位掌握家用、商用、移动、制冷单元等业务领域的核心技术，成为家用制冷压缩机行业的引领者。通过基于自身的内涵发展和对外并购的外延扩展，实现快速发展，并重视品牌建设和知识产权保护，成为享誉国内外市场的国际一流压缩机品牌。

EST®

恒｜锋｜工｜具

第二篇

恒锋工具：掌控在毫厘之间

秦　伟

　　"这把特大型精密复杂拉刀，全球仅有 4 个厂家能生产。"陈尔容掰着手指介绍，"其中 2 个在德国，1 个在日本，恒锋工具是中国唯一一家。"

　　陈尔容，嘉兴市海盐县恒锋工具股份有限公司（以下简称"恒锋工具"）董事长，曾在贵阳某国营工具厂任常务副厂长，1990 年应海盐县县政府之邀返乡创业。

　　恒锋工具，拉削刀具连续 8 年销售量、销售收入全国第一；花键环塞规连续 7 年销售量、销售收入全国第一……一家民营企业在精密高效刀具的世界里，正在创造属于自己的传奇。

　　从二十多年前一家只有十几台普通设备的小型工具企业，到如今国内复杂刀具及精密量检具行业综合实力最强的企业之一，国家复杂刀具标准起草企业之一，国内现代高效精密复杂刀具业的领舞者，恒锋工具成长的秘密是什么？

什么是创业，上帝给我上了堂课

陈尔容早年毕业于浙江大学机械系金相热处理专业，那个年代的年轻人，心中大都有着宏愿，要为祖国建设添砖加瓦、努力奋斗。大学毕业，陈尔容被分配去了贵阳，支援祖国的三线建设。

学机械专业出身的他，踌躇满志，在贵阳度过了青春岁月。在贵阳工具厂，陈尔容从技术员、工程师做到了车间主任、副厂长，成了厂里的技术骨干，在圈子里小有名气。到了20世纪80年代，在陈尔容的家乡海盐，很多人开始借着改革开放的春风，做起了五金紧固件的生意。陈尔容是工模具热处理专家，也经常会有家乡的人过来讨教。

恒锋工具生产车间

当时的海盐，紧固件行业越来越火，海盐的领导很有远见，1990 年就尝试浙商回归，大力扶持一个个跨省横向联营企业，于是，贵阳工具厂海盐分厂应运而生。命运使然，更是家乡的召唤，经过激烈的思想斗争，陈尔容决定放弃贵阳的工作，回到自己的家乡创办贵阳工具厂海盐分厂，开始了他的创业之路。

为什么会这样选择？陈尔容说："我是海盐人，海盐是个好地方。"

创业初期，四处碰壁，各种难题摆在陈尔容面前。没订单、没原材料，资金链断裂、融资难，技术瓶颈等，分厂多少次面临关乎生死存亡的危机，又多少次于生死关头绝处逢生，历经五年的磨难，分厂终于活了下来。

1990 年受政治经济因素影响，刀具产品外贸市场锐减，刚刚组建的分厂没有订单，原本想要依靠贵阳工具厂的订单生存的打算灰飞烟灭。但摊子已经铺开了，要想分厂生存下来，就要解决订单这个最大的难题。陈尔容开始一个人、一个包，到上海一家公司一家公司地跑订单，第一年 60 万元、第二年 100 多万元、第三年200 多万元，直到 1994 年订单达到 400 万元，分厂才勉强达到盈亏的平衡点。

这 5 年的经历，犹如他 1992 年经历的那一个风雪交加的寒夜，在风雪里步履维艰，精疲力竭……"那种感受，二十多年来记忆犹新，人已经在一条绝路上了，没有回头路，活着一天就要把厂办下去。"陈尔容说。

"办企业要走'远见＋冒险＋努力＝成功'的创新之路。"这是陈尔容总结的第一条成功之道，"成功是留给有准备的人的，现在的年轻人遇事不要怨天尤人，业绩都是做出来的，也许你还缺少一些努力。"

质量为王，让刀具永远锋利

1997 年企业改制，1999 年企业转型升级，这是恒锋工具发展史上最重要的两个时间节点。前者理顺了体制，而后者，则给恒锋工具打开了一片巨大的蓝海。

20 世纪 90 年代末，我国企业转型转体的大潮期间，贵阳工具厂海盐分厂也面临改制，于 1997 年正式由联营企业转制为民营企业，嘉兴恒锋工具有限公司自此成立。如何求发展？陈尔容把目光放到了当时还没有兴起的轿车工业，"要生产能加工轿车零件的拉刀，要有特色，要生产别人做不了的产品，要研发替代进口国际顶尖的产品，这可能也是我的个性使然。"陈尔容说道。

他深入客户的生产车间，调研他们的加工刀具，发现大多生产设备和刀具都是进口的，有些工厂只有工人是中国的，而刀具和设备都是国外进口的，车间里的技术人员也会无奈地说："这些刀具和设备我们中国是很难生产出来的。"每每这时，陈尔容就会说："哪天我们中国人也要做出好刀来，我们中国人也会做出好的产品来。"

1999 年，在积累了十多年普通标准刀具加工经验的基础上，陈尔容瞄准了适用中国轿车工业的拉削刀具，并推出国内首家加工自动变速箱中螺旋内齿圈用拉刀。

"当年，公司做了一个意料之外，甚至可以说是破釜沉舟的重要决定，把公司的全部家当都抵押给银行，贷款一百余万马克买入德国先进装备。"恒锋工具总经理陈子彦回忆，"当时我们的主要产品是波刃铣刀，销售以出口为主，由于种种原因，公司的外贸订单急剧下滑，公司运营举步维艰。"

这是背水一战，但是恒锋工具成功了，企业成功转型升级。"之前，我们都是给一般机械加工做配套，产品比较粗糙，附加值也不高，但是从 2000 年开始，我们给汽车做配套，而就在那个时间点上，中国的汽车工业迎来一次蓬勃的大发展。"陈子彦说，汽车开始走进寻常百姓家，而那时候的恒锋工具走在了时代的前列。

"现代精密高效刀具具有高精度、高效率、高稳定性、专业化四大特点，我们的产品最大的客户群就是几大知名汽车变速器生产商。"陈子彦介绍，液力自动变速箱（Automatic Transmission，简称 AT）、机械式无级自动变速箱（Continuously Variable Transmission，简称 CVT）、变速箱中的核心部件行星齿圈，传统工艺加工一个需要 20 分钟，精度不够，质量也不稳定，而用恒锋工具开发的螺旋齿形拉刀加工，只需要 30 秒，效率大大提高。"比如以往上海大众这样的合资企业，生产行星齿圈的装备都是国外进口的，价格不菲，服务也跟不上，我们瞄准了这个市场，经过一系列的研究开发，把这些刀具实现了国产化，直到现在，全世界只有 6 家企业有能力加工这样的刀具，国内只有我们一家，别无分号。"

大客户的订单并不好接，陈子彦现在还记忆犹新，"当时那些大客户都用国外的刀具，对于一家位于海盐的小厂，打开局面实在是太难了，我们不断拜访，请求给一次尝试的机会。""无论何种情况，我们都没有放弃，最终采取了先使用后付款的办法，让产品质量说话，逐步打开了局面。"

"我们的刀具和国外进口的同类刀具，在质量上是完全等同的，在使用寿命上也不亚于它们，在价格上还有一定优势。"陈尔容介绍，凭着过硬的品质和比国外同类产品更高的性价比，恒锋工具的市场逐步打开了。

今天，浏览恒锋工具的合作伙伴，你会发现一系列大公司的身影，包括大众、上海通用、济南重汽、上海汽轮机、哈尔滨汽轮机、东方汽轮机、南方动力、西安航空发动机、沈阳黎明等。而原来这些厂商尤其是中国轿车生产线等高端制造装备使用的都是清一色的进口刀具。

"我们中国人的刀具，开始的时候是不被认可的，那个时候我们只能告诉客户，你先免费使用，满意了再付钱。通过这样的方式，一个一个客户对恒锋的刀具表示满意。"陈尔容说，"所以今天的中国轿车工业（零部件生产线）上到处都能看到我们恒锋的刀具。"

"刀具永远锋利"，恒锋工具的注册商标"EST"就是这句话英文译文的首字母缩写。陈尔容坦陈，"'做最好的复杂刀具'的初衷始终不改，才成就了今日的'恒锋'。"

精度制胜，一根头发丝的一百四十分之一定成败

走进恒锋工具的生产车间，具有国际先进水平的数控精密设备正在进行毫厘之间的工作，工作人员专心致志地关注着设备的各项参数。在这里生产出的现代高效刀具及精密花键量检具，广泛应用于汽车零部件、航空零部件、远洋船舶制造、电站设备制造、模具制造等领域。恒锋工具已是欧美诸多知名企业的定点采购供应企业，也是中国诸多企业替代进口产品的首选刃量具制造厂。

一把刀具好不好用，最关键最核心的点在于它的精度，一点点

的误差或微小缺陷可能造成无法挽回的损失。而恒锋工具生产的刀具都需要在高温下热处理并在恒温条件下高速、高精密磨削并配合精密检测下完成。这无疑大大增加了刀具制造的难度，却保证了刀具的精度，而以往国产刀具与进口刀具的最大差距就是精度和稳定性，有句话讲"差之毫厘，谬之千里"，这用来形容刀具再恰当不过。

在生产车间，工人演示利用刀具生产加工汽车核心零部件——花键轴，这种小的花键轴从圆柱形坯料到成品，只需要短短的几秒钟。这样加工出来的花键轴，无须任何再加工，可直接用于轿车装配，可见精度之高。

在两层楼高的机床上，金色的螺旋拉刀加工的是汽车变速挡的内齿圈。内齿圈是汽车挂挡最为关键的部件，随着汽车的变速箱越来越高端，功能越来越多，构造也变得越来越复杂。一名工人

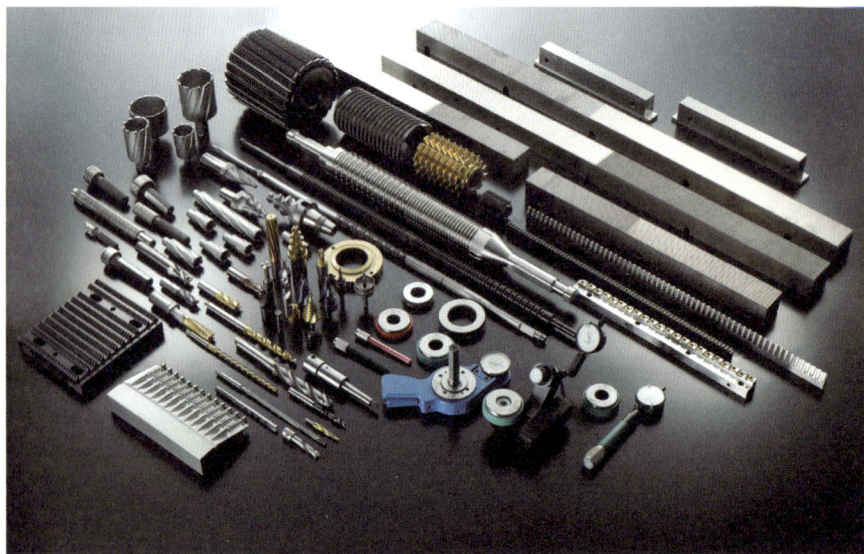

恒锋工具产品

介绍："特别是随着自动挡轿车的不断升级，变速箱变得更加高端，对螺旋拉刀的要求也越来越高。"

花键，一种机械传动的连接结构，用于传递机械扭矩，有一丝的误差就可能造成机械传动的故障，因此对花键量具的要求极高。恒锋工具在花键量具上做到了国内第一，因此也是国内花键量具的国标牵头制定单位。除了国标，恒锋工具还能提供按德国、美国、日本标准设计的花键量具。"生产轿车零部件的花键的检测量具，90% 都是我们恒锋工具提供的。"陈尔容说，"一般普通零部件的尺寸，大概是以一丝来判断。量具是以 1 微米，甚至是 0.5 微米来判断它是否合格。"0.5 微米是个什么样的概念？"人的一根头发丝的直径是 70 微米，0.5 微米就是一根头发丝的 1/140。"陈尔容形象地解释。

2008 年，国内制造的第一把一次拉成大拉刀在恒锋工具诞生，该刀直径约 240 毫米、长度约 2850 毫米，使原来需要 2—3 把大拉刀拉削成的大齿圈可一次拉削成型。陈尔容介绍，大齿圈是重型卡车、工程车辆等的重要传动部件，以前国内能生产的大拉刀最大长度不超过 2000 毫米，恒锋工具自主研发的大拉刀，大大提高了工作效率，更好地保证了加工精度。

2008 年，以"特大型精密复杂拉刀"拿下"中国刀王"的称号；2009 年，国内制造的第一把轿车自动变速器精密螺旋内齿圈拉刀在恒锋诞生；2012 年，恒锋工具再次发力，以"燃气轮机透平轮槽加工用精密组合式拉刀"一举成为国家首台（套）的纪录，结束了嘉兴地区无该荣誉的历史……一项又一项第一，把恒锋推向了行业的尖端。

"创新和服务是我们企业的灵魂和生命线。"这是陈尔容总结的

第二条成功之道，"现在国家提出供给侧结构性改革，意义重大而深远，创新一定要持之以恒，要做成一件事，一个基本单元也许要20年，我们要保持'专注做一件事'的优秀品质，弘扬工匠精神，中国企业的前途是一片光明。"

不断创新，成就现代精密高效刀具

非标准定制，是恒锋工具和其他大多数刀具制造企业最大的区别。"目前企业产品90%以上都来自非标定制。"陈子彦说，"每一次的订货，也就三五件，而且形状怪异，精度越来越高。这需要企业有强大的研发设计能力，当然，非标定制的回报也相当可观。我们的现代装备制造业，特别是高端装备制造业就需要大量非标定制的刀具。"

"这不仅是一个资金密集型的产业，还是一个技术密集型的产业，从某种角度说，人才和创新对我们才是最重要的。"陈子彦说，"也有后加入者豪掷数亿，却因为缺少系统的技术人才最后落得灰头土脸，应该说，这个行业的门槛还是蛮高的。"

"企业能够占领市场较大份额，最重要的就是不断创新。"陈子彦说。

拉刀齿形磨床、数控精密拉刀刃磨床、数控精密螺旋拉床、数控精密齿轮刀具测量机、数控精密刃口测量仪、数控精密刀具刃磨床……这些都是恒锋工具近年来引进的国际顶尖设备。巨资引进的设备也让企业不断保持行业领先的创新能力。据介绍，在项目推进的同时，恒锋工具累计获得各类专利技术41项，其中包括5项发明专利。"通过项目改造，企业将拥有年产5.5万件三轴以上联动的高速、精密数控机床配套刀具的生产能力。公司目前已经投入资金超过亿元，生产线升级后将减少用工 50 人。"陈子彦说。

如果说，立足国内变速器市场让恒锋工具崭露头角，那么，承担燃气轮机盘加工则让恒锋工具扬名立万。

"燃气轮机作为一种采用清洁能源的新兴成套动力机械装备，广泛应用于舰艇、电站等领域，被誉为装备制造业'皇冠上的明珠'，其关键部件透平轮盘的枞树型轮槽加工精度要求高且工艺极为复杂。"陈子彦介绍说，近年来，我国大力发展燃气轮机，可由于技术限制，国内主要的大型汽轮机厂以往只能从国外进口大型复杂高精度轮槽拉床，并同时进口大量加工用精密组合式拉刀。该拉刀是一种高精度、高效率的汽轮机制造业专用组合拉削刀具，可开发加工该产品并非易事，产品要经过几十道工序，每道工序背后都有着无数不确定因素，更难的是，每道工序都不能有丝毫的瑕疵，否则，加工的轮盘连同刀具都将报废，而一个轮盘毛坯就价值近 200 万元。"燃气轮机现在主要用于天然气发电站和军工领域，尤其在军工领域，对国防安全具有非常重大的意义。"陈子彦对记者说。

"这样的国之重器必须实现国产化，国内几大燃气轮机厂投资一套机床就要 1 亿元，加工原料大多数是抗高温的合金，切削难度非常大，又被应用于军工领域，自然要求也特别高。"对于这种能够登上行业内顶峰的机会，恒锋工具自然不会放过，即使难度巨大，风险不可预估，就连保险公司都拒绝为其投保，但为了国之重器的中国制造，陈子彦毅然接下了这样的难题，经过反复的研发试验，客户最后给予了高度的评价——无论质量还是稳定性都不亚于德国进口的产品。这让恒锋工具在国内燃气轮机行业一炮走红，跻身行业领军企业行列。

　　轮盘，燃气轮机最为关键的部位。一个直径 2 米左右的轮盘，加工时间需要 10 天，经过 4 个工序——车削、磨齿、拉削、钻，其中最难的工序就是轮槽拉削。根据轮盘的大小和形状不同，拉刀依据电脑给出的指令准确排列出不同的型线，大的型线 18 米，小的型线 6 米。轮槽拉刀的刀齿一个比一个高，通过递进的方式，把坯料的铁屑切削下来，最快 36 个小时就能完成一个轮盘。

　　"轮槽拉削对拉刀的要求非常高，机床只是运动，型线是靠拉刀来保证的。"一名上海汽轮机厂的技术人员这样说，"拉刀对汽轮机、燃气轮机关键部件的加工最为重要。"

　　"过去国内的大型汽轮机厂完全依赖国外进口刀具生产，我们通过自主创新，成功研制了燃气轮机透平轮盘枞树型轮槽的型面精密组合式拉刀，并最终一次拉削成型，彻底改变了国外进口刀具垄断的局面。公司目前是上海汽轮机厂、哈尔滨汽轮机厂、东方汽轮机厂三大国内汽轮机厂的首选品牌供应商。"陈子彦对此非常自豪。

　　企业发展的这些经历，让陈子彦对科技投入特别重视，恒锋工具也已经在申请浙江省级重点企业研究院，企业的研发人员比例达 29%。用陈子彦的话说，在科研方面从不吝啬、敢于尝试，开发新型材料和新型材料加工工具"是我国现代装备制造最需要突破的瓶颈，我们会在这条路上专注地走下去"。

成功上市，让自己变得更强

　　2015 年 7 月 1 日，对于所有恒锋人来说，是意义非凡的一天。这一天，恒锋工具正式登陆深圳创业板，恒锋工具也开始亲密接触这个红红绿绿的资本市场。

"恒锋工具将以本次上市为契机，特别是认真做好本次上市募投资金项目的实施，大力加快高精度、高效率、高稳定性和专用化的现代精密高效刃量具的研发和生产，努力为改变我国国内企业现代高效刀具国内市场占有率仅占 15% 的现状，也为《中国制造2025》的目标实现奋力拼搏。"陈尔容在上市网上的路演中表示，"通过这些努力我们坚信我们恒锋工具的核心竞争力、品牌影响力和实际盈利能力一定会得到很大增强和提升。"

"这个行业是资金密集型行业，应该说，上市是恒锋工具更快更好发展的重要一步。"见证敲钟的那一刻，陈子彦明白，这是恒锋工具一个新的起点。"这也代表企业走上了一个更大的平台，我们的目标也从原来的国内领军企业升级为行业内国际领军企业，能为国家的制造业转型升级贡献一些力量，一直是我们的愿景。"

"但到了一个阶段，就会有一个瓶颈，这个时候就需要推一把，就像这次上市一样。"陈子彦说，"上了市，有了资金，恒锋工具的后劲会更足。通过上市可以加强公司管理，完善公司的各项管理制度，促使公司进一步完善现代企业制度，通过上市可以增加公司的知名度，有利于建立公司品牌，从而促进公司的进一步发展。"

"在成立初期，恒锋工具从汽车零部件行业起步，依托前瞻性的市场定位、有效的技术积累和可靠的产品质量，逐步在汽车零部件行业中树立起自己的品牌，赢得了客户的认可。现代高效工具在包括汽车行业在内的现代装备制造业领域的应用越来越广，且目前主要以进口为主，国产替代进口的空间巨大，公司正是迎合了这一契机，为营业收入的增长提供有力保障。"陈子彦表示，"随着公司产品的市场知名度的逐步提升，公司不断拓展在其他现代高效工具的应用领域，目前已在电站设备、航空航天零部件、精密机械等多个行业得到发展，且在后期还将继续加大对这些现代装备制造业的涉足，通过多领域协同发展，不断提升综合竞争力。"

伴随着汽车、航空航天以及机电设备等装备工业的发展，我国制造业正在步入现代化的行列。制造业现代化的发展水平，直接决定了我国工具行业的变化动向。中国制造业的现代化发展，吸引各大跨国工具集团加大了对中国市场的销售力度。中国市场之所以会受到如此的重视，主要原因在于中国工具市场销售份额在全球市场份额中所占的比例越来越大，市场潜力巨大，发展势头强劲。"未来的恒锋工具，不一定要做行业里最大的，但我希望是行业内最强的。"面对未来陈子彦信心满满。

第三篇
京马电机：工匠精神铸就实力品牌

陈　曦

从杭州西湖边出发，上沪杭高速到长安出口处，穿过 320 国道，在杭嘉湖平原腹地，有一家与世界先进企业共兴荣的现代化生产制造分马力电机大企业——京马电机有限公司（以下简称"京马电机"）。

总资产 9.2 亿元，员工 1500 多名，这样的规模数据在嘉兴市算不得多么厉害。但是，"京马"牌电机在中外客户的供应商名册上，却是响当当的。

在"老板牌"电器的一块广告牌上这样写道："老板电器使用京马电机"。这是"老板牌"电器作为客户为其供应商"京马牌"电机做的免费宣传。电机，虽然被包在机器外壳里，品牌名字鲜有机会露在外面，但是，"京马牌"电机却成了客户宣传的亮点，成就了大品牌。

不做没面孔的企业

1979 年，25 岁的朱春富用借来的 5000 元创办了京马电机的前身永秀五金厂，开始生产电风扇中的电转子。永秀五金厂属于一家村办企业，初办时，全部职工只有 7 人，厂房用的是大队借的一座旧礼堂，所有的家当就是一台冲床。

永秀五金厂以简陋的条件，成为中国改革开放后第一批制造业企业。

在最初的十几年，永秀五金厂的产品集中在电风扇、电机和转子，销售方式主要是为大厂贴牌生产。1991 年，永秀五金厂更名为桐乡永秀机械电器厂，并开始与湖州铁马集团公司联营，主要生产洗衣机洗涤、脱水电机。

从 20 世纪 80 年代开始，中国制造业飞速发展，借着政策的东风，享受着巨大的人口红利，虽然溢价能力不高，但终是赚取了大量的利润。在劳动密集型行业中，每一个员工，每拧一颗螺丝钉都会产生剩余价值，单位利润乘以巨大的数量之后，总利润依旧

可观。

　　然而，正是因为行业情况好，很多企业迷失在来钱快的低端制造中。在外国消费者眼中，中国企业绝大部分是"没有面孔的企业"，这些企业有一个共同的名字叫作"中国制造"，但是他们却没有属于自己的名字。这就是缺乏自己的品牌影响力的结果，"中国制造"往往扮演着"为别人作嫁衣裳"的角色。

　　在一次与日本企业接触中，朱春富董事长听到了日本企业的一句忠言："企业要想做 100 年，200 年，必须要有自己的品牌。"几经更名，工厂大部分的业务仍是为其他企业贴牌生产，市场虽有一定保障，但是外面知道的都是"庄家"企业，而不是自己的名字，朱春富不想再这样籍籍无名下去，他想有自己的品牌。

　　做品牌，首先要有名字，有注册商标。1995 年，桐乡永秀机械电器厂再次更名为桐乡微特电机厂，也在这一年，注册商标"京马"获批。"京马"第一次用自己的名字与客户签订合同。

　　彼时，京马电机已经用几个名字经营过 16 年了，企业在行业内已经有了一定积淀。

　　改革开放后，外资的进入，带来了资金、技术和工业设备以及广阔的国际市场，国际代工（OEM）生产模式在东南沿海遍地开花，中国廉价劳动力市场得到释放，国内消费市场也逐渐培育起来。20 世纪 90 年代中期，中国制造业急起直追，成为全球第一，因而这段时期，在国际上被称为中国制造业蓬勃发展的"黄金时期"。

　　有品牌，有经验，有市场，万事俱备，京马电机开始大刀阔斧地开疆扩土。1995 年，京马电机投资 5000 万元，在桐乡经济开发区一期工程征地 16 亩；1996 年京马电机在全省同行业中率先通过

ISO9002 国际质量体系认证；1997 年，公司在全省同行业中首家获得洗衣机电机产品出口质量许可证和自营进出口权；1998 年，公司投资 3200 万元，从日本引进 1 台 300 吨精密数控高速冲床、4 套双列自扣级进模具、2 条自动绕线嵌线生产线及脉冲检测等设备，开始自动化生产电机。

在众多企业以规模创效益的时候，京马电机执着于以品牌创效益，本着"志存高远、以人为本、不断创新、追求卓越"的发展方针，依靠优秀人才团队和科学的管理，走上了规范化、制度化、科学化的发展道路。公司着力加强全面质量管理，已经通过了ISO9001、ISO14001、OHASA18001 和 TC16949 等多项体系认证，产品全部通过 3C、CE、VDE、UL、TUV 等认证。

在规模上，京马电机不盲目追求做大，但是对设备上的投入毫不吝啬。公司目前拥有日本 AIDA 高速冲床、自动端盖生产线、黑田公司模具、小田圆自动绕嵌线设备、台湾塑封压装机、意大利ATOP 公司串激电机生产线、日本日特公司全自动直流电机生产线等国际先进设备。年生产能力已达 2500 万台，产销量居全国同行业前五位。

"不盲目扩大规模，每一步都走得很稳，专心在一个行业做深做透，并力求把产品做到极致，我认为，这就是工匠精神。"京马电机总经理朱中杰说。

品牌建设需要工匠精神，工匠精神成就优秀品牌。

一步步稳扎稳打前进，让"京马"品牌不仅在国内市场有一席之位，更在国际市场获得认可，公司生产的洗衣机、吸排油烟机、空调、无刷直流电机系列与老板、水仙、上海上菱、杭州松下、惠而浦等大型企业的名牌产品配套，并且 50% 产品出口到韩国、巴西等 13 个国家和地区。

创新，是把产品做到极致

松下、LG、日立、夏普、三星、惠而浦……京马电机年产量中 50% 的产品用于出口，且客户都是国际知名的家电企业。在国内市场，京马电机早已成为行业标杆，尤其是在国内吸烟机电机领域，是不折不扣的"隐形冠军"。苏宁电器 2015 年的抽烟机类产品销售排行榜中，排名前十的品牌中有 7 个用的是京马电机的产品。

2016 年，凭借卓越的研发制造能力，京马电机成为印度家电市场领导品牌 IFB（Indian Fine Blanks）的长期合作供应商，"IFB 的有关负责人告诉我，他们在中国接触了很多电机企业，经过效率值、噪声等关键要素的评比，最终选择与我们京马电机合作。"朱中杰说。

与 IFB 的对话正反映出京马电机的创新哲学：坚持精益求精、追求更完美的工匠精神，把每一件产品做到最好。"我们力求把电机事业做到极致。"朱春富如是说。

京马电机的产品主要为家电行业配套，这个小小的电机放在空调、洗衣机、吸油烟机的里面，为机器提供动力。京马电机的办公室主任王寿根说："我们的创新是在技术数据上的创新。是产品整体设计理念上的创新，我们通过二十多个出口国的市场信息和电机发展趋势及时设计开发前沿产品。为整机厂提供国际先进的原创设计产品。"

基于此，京马电机不搞高屋建瓴、指点江山式的创新，而是回归到产品性能上，把提高产品性能当作创新的首要目的。公司以效率、温升、噪声、振动、功率等六大指标为衡量标准，用实际数据说话。王寿根说："行业中的企业各有各的优势。我只能说，通过第三方检测，我们产品的数据优于他们。浙江省电机领域的专家给我们的评价是：京马产品达到国内领先，国际同等水平。"

王寿根介绍，与公司有 20 多年合作关系的老板电器，其产品的 95% 用的是京马电机的产品。老板电器在做吸油烟机的外观设计时，是与京马电机一起讨论、设计的。

在与老板电器的战略合作中，深度的合作关系让京马电机的创新有的放矢。另外，共同设计也保证了供应商以后的地位。

京马电机之所以能够赢得国内外客户青睐，得益于一次又一次的创新，不断开发出高新技术产品，巨资引进先进设备、建立实验

京马电机生产现场

室、成立研究中心，京马电机的每一次大胆尝试都围绕创新、转型、升级。

京马电机的无刷直流工业电机从 0.55kW 至 15kW 电机产品被应用于纺纱机械中，有效地帮助企业减负降压。浙江省机电产品检测研究院检测，该产品比国内同等级、同功率电机节电 20%，部分达到 25%，应用后能为企业每年节电 35% 以上。

创新是企业发展的基石和灵魂，自 1999 年成立研发中心以来，京马电机坚持每年以销售收入 4% 的标准提取研发经费。

2001 年，京马电机技术开发中心成立，并于 2003 年与浙江大学合作组建"校企合作科研生产基地"，如今已经初具规模，有研发人员 122 人，其中，中、高级职称 27 人，大专及以上学历 95 人。

2004 年，通过全体技术人员的刻苦钻研，京马电机开发了具有国际先进水平的"高效节能旋回式塑封电机"产品，当年被科技部列入"国家星火计划项目"。

2015 年，京马电机高效节能电机研究院被浙江省科技厅认定为"省级企业研究院"。截至目前，企业已拥有各类专利 76 项，其中 12 项为发明专利。

成立研究院抢占先机

电机行业作为应用最广泛的电气设备，是中国制造业的重要组成部分，目前，我国普通电机的技术已经成熟。市场竞争日益激烈，新产品寿命期逐渐缩短，产品更新换代速度日趋加快。产学研合作，逐渐成为企业科技创新工作的重要组成部分。

京马电机作为行业内生产规模最大、技术装备最先进的企业，在各类电机的生产方面积累了丰富的经验，为更加有效地提高企业的技术水平，公司积极与相关设计院、研究所、企业进行产学研合作。

随着企业技术水平的提高以及不断吸收国外先进的技术，未来电机行业也将向着高效性、高可靠性、轻量化、小型化、智能化、环境友好化等更高目标发展。

京马电机的产学研合作主要研究以高效节能为特色的电机制造及应用技术，不断研究开发新产品、新工艺、新材料，以近两年来公司新推出的电机新品种为例，就有绿色环保的 YPY-737 型抽油烟机专用电动机、新型双风轮微波炉电动机，高效节能变频调频的高性能空调变频铁壳电机、高性能滚筒洗衣机用三相变频电机、空调用交流变频电动机、高性能空调变频塑封电机、低功超动、超大容量的永磁无刷直流电动机等。

2012 年，开发成功的直流永磁无刷变频电机就是京马电机与浙江大学机电工程学院共同合作研发的产品。

"传统的交流电机的效率值一般在 40% 左右，而我们研发的直流电机的效率值可以提升至 80%，有的产品的效率值甚至可以达到 92%，这使家用电机在节能方面实现了质的飞跃。"朱中杰介绍说。直流无刷电机控制器在各个行业广泛应用，业内人士预测，无刷电机将成为智能时代的重要器件，直流无刷电机未来市场前景更好，京马电机也由此抢占了市场的先机。2016 年 10 月，京马电机投资 2.7 亿元的三厂一期正式投产，由此成为目前国内唯一能够量产家用直流电机的企业。

京马电机与浙江大学电气工程学院共同组建了"校企合作科研生产基地"，旨在提高企业技术中心在产、学、研等方面的科技合作，真正把企业的整体技术水平和科技创新能力提高到更高层次上来，通过校企合作，技术中心的科技人才、技术水平、业务技能以及研究、开发、实验、测试等创新水平得到了极大的提升。特别是通过大专院校合作，企业的各类人才培训纳入了正常轨道。每年共有多个批次数百人进行综合培训，使企业的生产现场管理、定置定位管理都有了明显的提高，并进行员工技术等级专业培训，为企业的发展提供了后勤的保障。

尝到了校企合作的甜头，京马电机再接再厉，继续扩宽合作范围。京马电机与轻工业部杭州机械设计研究院建立了产学研的合作关系，在电机生产的自动化和检测装置上进行了有效的合作。京马电机同嘉兴学院机电工程学院建立了紧密的产学研合作关系，同时共同建立浙江省京马高效节能电机研究院，在人才培训、机器换人和科研仪器共享等方面全面地合作。

通过与高校、科研院所的合作，不仅有利于在不同的合作主体间实现资源共享，并使创新资源组合趋于优化，缩短技术创新时间，增强企业的竞争地位，而且在很大程度上能分摊企业的技术创新成本和分担创新风险。

秉承着"以品质和诚信为基础，创造优秀产品和服务，为社会进步做出贡献"的经营理念，京马电机形成了合作、进取、分享的企业精神。公司先后被评为国家高新技术企业、出口商品免验企业、全国质量管理先进单位、省清洁示范企业、省绿色企业等，"京马"品牌也获得了中国驰名商标、中国名牌等荣誉称号。2016年，在中国电器工业协会分马力电机分会的统计中，京马电机产销量位居第四名，综合指数排名第 5 位。

三十余载的砥砺前行，京马电机收获了来自市场的认可，也在风云变幻的市场中占据了难以撼动的地位。朱春富表示，未来京马电机将秉承"市场导向，诚实守信；团结拼搏，求实创新；以人为本，科学管理；技术领先，服务至上"的企业宗旨，继续为客户提供一流的产品和优质的服务。

第四篇

中达集团：文化"软实力"领航"硬发展"

秦 伟

大凡海盐人都知道"人本中和，诚信达道"的中达集团，其全称为中达联合控股集团股份有限公司（以下简称"中达集团"）。这家创立于20世纪60年代的乡办企业，现已涉足特钢、造纸、金属制品、热电、建筑、国际贸易等，是浙江省五一劳动奖状获得者、浙江省文明单位、浙江省诚信示范企业、浙江省诚信企业、浙江省和谐劳动关系先进企业、浙商创新奖企业，中达为何能成为海盐企业的"常青树"，生机勃勃，逆势成长？答案是：文化。"唯有文化才能内聚动力，外添助力，为企业发展永久续航。"中达联合控股集团股份有限公司董事长金惠明表示：诚信，并且始终如一，是伴随"中达"走向辉煌的法宝。多年来，中达集团始终将文化"软实力"的提升作为企业发展第一要务，铸就了"人本中和，诚信达道"的企业文化，支撑了中达集团的竞争优势、效益优势和发展优势。

"诚信达道"，企业发展的指路灯

"中达从百步手工业联合社一路走来，靠的是一种责任和担当的精神。"说起中达集团的发展，金惠明一语中的。

中达集团的发展历史可追溯到 20 世纪 60 年代创建的百步手工业联合社。1962 年，百步手工业联合社刚成立；在 1972 年时，成立了百步农机厂，1984 年金惠明担任农机厂厂长，1989 年调任海盐合金厂厂长。

1992 年，"中达"字号正式启用；1993 年，中达跨出了兼并、救助困难企业的第一步，将浙江华阳金属制品公司并入中达；从 1994 年到 2005 年，共兼并了 5 家企业；1999 年，公司由乡镇企业改为民营企业；2011 年 3 月，公司更名为中达联合控股集团股份有限公司；通过兼并吸收中达形成了以特钢、造纸为主导，制品、热电、建筑、国际贸易多元化发展的集团型企业。

2016 年，中达集团平稳发展，成果丰硕，取得近五年来最好

业绩。全年实现销售 35 亿元，利税 3.2 亿元，其中，税金 1.81 亿元，工资总额 1.4 亿元。进出口报关金额 7600 万美元，比上年增长 15.9%，列海盐县前茅。

让我们将时光倒退至 1992 年，那时的"中达"还是个小企业，面对激烈的市场竞争，压力很重。公司的一名销售员提起往事感慨万千："我们公司小，抗风险能力也不强，但我们领导对产品质量把得非常严，要求所生产的产品必须对客户负责，采购的原材料必须正宗，不能欺骗任何客人。但话说回来，成本吃不消啊。可公司老总总是说，我们必须讲诚信，任何时候'中达'对待别人是诚实的，只有这样才能树立我们'中达'的声誉，也只有这样才能在激烈的市场竞争中走出我们自己的路来。要相信：我们只要长期坚持，一定会开创'中达'产品的广阔市场。"

"人本中和，诚信达道！"金惠明说，经营企业就是经营人生，诚信立业，和而能道。

创牌的路是艰辛的，创牌的路也是曲折的。而要想让创牌之路走得顺畅关键在人，中达在这点上一直是执着的，努力做到人尽其才，充分发挥企业团队的作用。公司不惜重金聘请了国内不锈钢行业的资深专家，并吸收企业所需的适用型人才和大中专毕业生，不断将人才、科技、信息优势转化为企业的产品优势，确保企业的生产力源泉。

1998 年，其科研团队创新研发的 U 型不锈钢无缝管，一举打入压力容器行业。不过，因为这个行业对材料要求特别高，每批钢管运过去，都要经过逐根强压试验，不仅增加成本，也浪费时间。当时"中达"生产该种不锈钢管的品质已相当过硬，只是客户的认可还需要一个过程。要客户认可必须要争一流，公司领导班子商量后下了一个狠招，向客户承诺：只要是"中达"供应的钢管，不用进行强压试验，如果管子出现问题，每根赔 1 万元。这意味着每供一批货，只要 1 根管子出现质量问题，就会赔进这批货的全部利润。靠着过硬的产品质量，靠着对客户的诚信度，"中达"巩固了一个又一个老客户，更引来了一批又一批新客源。

1999 年公司转制为民营后，金惠明领导下的中达集团更是以诚信作为企业经营管理的根本之道，公司的诚实守信体现在：面对客户的是产品质量优质的承诺；面对政府部门是遵纪守法的承诺；面对银行部门是按时借贷还贷的承诺；面对员工是保障他们权益的承诺；面对社会是勇挑社会责任，回报社会的承诺。

中达的诚信在行业内有口皆碑！

金惠明为记者讲述了一件事，"有一年，我们与上海一家客户签订了一份数额较大的钢带销售合同，签订是在 8 月份，交货要求在 11 月份，后来主要原材料镍价的波动较大，公司在 10 月份生产该合同产品时，镍价比签订合同时上涨很多，按整个合同生产下来要亏损了，但我们还是按合同质量要求和交货期，保质保量按时交货，没有向客户提出异议，客户被中达的诚信所打动，主动提出要给予一定的补偿。中达就是这样靠着对客户的诚信度和过硬产品质量，巩固老客户，引来新客源。"

"我们所生产的产品必须对客户负责，采购的原材料必须正宗，不能欺骗任何客人。"金惠明经常说，"我们必须讲诚信，任何时候中达对待别人都是诚实的，只有这样才能树立我们中达的声誉，也只有这样才能在激烈的市场竞争中走出中达自己的路来。"

视质量为生命的"中达人"，决不放过生产过程中的每一个细节，这点老员工们感触最深。2005 年 4 月，公司接了一张外贸订单，要货方是德国一家全球著名的采购公司，这家公司对产品的要求几乎到了苛刻的程度，这在行业内是出了名的。除了寄送两次参考样品外，还要寄照相样、测试样及大货样，直到最后一次大货样确认后方可开始大货生产。最后一次大货样必须严格按照大货出货标准，而且要在客人指派质检员过来从单个产品到整体包装全面检查合格后才可发出，否则重新寄样，所耽搁的货期由中达公司负责。做到后来，更是要求十多万件的大货产品都要与样品一模一样，这对于手工抛光的最后一道工程几乎是残酷的，负责的技工都怕了，工人们万分认真地操作，但最后还是有小部分产品不能通过验货。几个月后，当大家感到与这家采购公司再无缘合作时，对方又下了一张更大的订单，并捎过话来：你们的产品在市场上受到了很高的评价，你们这个合作伙伴我们选定了。

就这样，中达跌打滚爬了多年，尤其是在不锈钢管产业连续不景气的情况下，抓管理、树品牌，用"实在"与"诚信"，得到广大客户的信赖，从此闯出了精品市场之路，更创出了自己的品牌。

"人本中和"，管与不管间的角力

"管理不分正确与否，只有成功与失败。无论企业规模大小，只要是适合的，能推动企业在市场竞争中不断发展壮大的就是最好的。"对于企业管理，金惠明有自己的独到见解。

金惠明带领管理团队，以刚性的制度和柔性的管理，形成了中达特有的企业管理文化。

"企业员工是公司的宝，保障他们的权益，爱护他们就是一个企业对员工的诚信。"金惠明说，"在一个集团化的公司内，我注重营造的是一个和谐、公平的环境，至少让员工感觉在这里面不受气，头上要有'天'的感觉，不是无法无天，而是一种公道。主持公道者可能是我也可能是管理团队。让他感觉在这儿付出值得、安心，去除威胁驱动可能造成的合作破裂。"

管理者让员工有"天"的感觉，那么中达集团的"天"是什么？金惠明说，还是诚信，集团坚持"人本中和，诚信达道"的企业管理理念，十分注重诚信文化的培育和养成。

"我对员工、子公司讲诚信、讲信任，对方也会回报我以诚信和信任，这样可以减少企业处理复杂人事关系带来的损失，营造一个员工舒心工作、热心干事的良好企业文化氛围。"

1999 年，企业刚改制成民营企业，企业员工从公有制企业职工变成民营企业员工，很多人担心养老等问题。作为中达法人代表的金惠明敏感地感受到了这个问题，在海盐民营企业中，第一个主动向政府部门提出要给员工办理养老保险，后在多方努力下，终于让中达的员工在全县民企员工中率先享受到了养老保障。

"我认为人与人之间的合作，两种情况可能导致破裂。一种是利益驱动，还有一种是威胁驱动。"金惠明解释，很多人都认为利益驱动造成的合作破裂远大于威胁驱动，我认为恰恰相反。如果没有给他安全的环境，没有给他自由发展的空间，那你给他再多他都觉得没有意义。就好像家里面的孩子一样，你给他好多钱，他还是感觉家里没有味道，还是要离家出走。

中达集团目前拥有 10 家子公司，员工近 3000 人。为了凝聚职工人心，让企业职工认识到"公司是我家，发展离不开你我他"，每年中达都举办春节联欢晚会、五四青工培训、拓展训练、高温慰问、中秋节亲子活动、职工运动会、文化走亲、送戏下乡……一年四季都有丰富多彩的活动。集团党组织十分注意发挥群团组织作用，通过活动以诚待人、凝聚人心。

笔者走进中达，在行政大厅意外看到一排整齐划一的旅行箱。"今天是我们职工准大学生子女感恩教育活动。"一名工作人员介绍，"这一周，即将踏上大学路的职工子女，将来到中达各公司的一线岗位上，体验父母的工作，感受父母的艰辛。"据了解，开展一场职工准大学生子女感恩教育活动，让其来到父母工作单位参加岗位实践，一方面了解中达企业文化，另一方面感受父母的养育不易。这项活动中达从 2006 年开始每年举行，累计超过 500 名员工子女参加。"这让我们每个中达人有家的感觉！"一名准大学生的父亲说。

"我爸妈都是中达的老职工，得到公司无微不至的关心，所以我一直对中达心存感恩之情。"一名年轻员工说，"我上初中的时

中达集团产品之———钢带

候，每年都会拿到中达在学校设立的奖学金，那个时候就决心长大后要回报中达，因此大学毕业时，我拒绝了外地公司的高薪聘请，毫不犹豫来到中达工作，这段时间工作下来，我感觉自己的选择很正确。"

创新是企业永恒的主题，没有创新就没有超越。金惠明告诉记者，1996年以来，中达集团启动了创新奖励制度，让创新成为一种文化，融入了集团每个子公司的每名员工血液中。

谈及中达集团的创新文化，中达金属制品有限公司总经理金加明可谓感受最深。据金加明回忆，2011年前后，中达金属制品由于技术水平低、生产成本高，导致产品市场竞争力差，企业连年亏损，差点倒闭。生死时刻，中达金属制品有限公司启动了科技创新奖励，发挥员工智慧，让企业起死回生。

周中金是中达金属制品有限公司的一位技术人员，多年的实践工作中，他发现企业在用的隐藏式立柱轧机不但剪切速度慢，而且成品率比较低。"后来，我和同事经过反复研究，开发出了横梁轧机改追剪控制系统，不但可以让设备运行更平稳，而且效率也提高了两倍以上。"周中金告诉记者，因为开发出"追剪系统"，公司为他的团队奖励了3万元。

不仅是技术人员，就连普通的叉车装卸工人，也能为企业贡献"金点子"。2015年，中达金属制品叉车装卸工陆王松发现，只要在"上货天桥"上加一个电动装置，就可以省去工人手动按压之苦，每单货还可节约20多分钟的上货时间。

金加明称，如今在中达金属制品的每个环节中，都渗透着员工的创新智慧，仅2015年，中达集团就有41个创新项目通过审核，20万元奖励发放到职工手中。

论英雄好汉，20 年后再看

"把眼前的事情做好，就是最大的乐趣了。我在 20 年前说过一次大话，那时别人说我个性太直，要吃亏的。我说：'没有什么吃不吃亏的，论英雄好汉，20 年后再看。'"金惠明说，"结果 20 年以后，中达也算是历经风雨见彩虹了，而当年的那些'英雄好汉'都烟消云散了。今天我依旧要说，20 年以后，只要中达还活着，还健健康康活着，那中达肯定是一个不简单的企业。"

说到企业发展危机，金惠明讲了一个故事，也是中达发展历程中的最大困境。

金惠明对记者讲述："从 1999 年企业转制到 2003 年，中达一直拖着一个多亿的贷款和一批'老弱病残'企业，其间的艰苦只有我自己才知道，'一夜白头'这话我真是有体会。2003 年银行开始对我们有信心了，我也觉得可以发展一下了，就征了 80 多亩地，准备搞个出口项目，从银行贷了 2500 万元。结果 2004 年下半年就遇到国家宏观调控，银根紧缩。我想不对，马上停止这个项目。当时政府、银行、有关部门都不理解，说'你这个人到底怎么回事，胆子太小了'。后来证实我们的决策是正确的，让我逃过了一劫，'超同'就是在那个时候倒下的，当时我的所有账户都被查封了，手里的资金也'濒临告急'。那 3 个月，我就跟诸葛亮唱'空城计'时一模一样，在人前我得成竹在胸，人后我是如临深渊，但我必须给部下、客户、银行以信心，如果那时候一撒手，中达就完了。一个人挺过了 3 个月，所有的客户没有感觉到，企业内部人员也没有感觉到，所有的事情我都是自己扛着。那 3 个月，我整个人一下子苍老好多，嗓子都哑掉了。我唱了 3 个月的'空城计'，挺了过来，个中滋味只有自己知道。"

"可能这就是自信，对企业、对员工、对自己的一种态度，对自己的规划想得很多，但又不是理想化，不断地在更新自己，在激励自己，始终没有停留。"金惠明说。

"在我看来，没有倒闭的行业，只有倒闭的企业。当你从一个劣势企业转变成一个优势企业的时候，你就可以存活。"金惠明进一步解释，"顺势而为，与时俱进，在激烈的市场竞争中，我们有信心继续把传统制造业做成优势产业。"

第五篇
易锋机械：技术控的智造经

陈　曦

2013 年，浙江易锋机械有限公司（以下简称"易锋机械"）遇到一件烦心事。

一批 20 多人的日本采购商来到公司参观。短短几小时的参观中，活塞球坑加工中一项超越日本的制造技术，被采购商顺走了。

活塞球坑加工，常用的加工方式是刀具和工件不会一起转。但易锋机械开创性地采用了让刀具和工件同时旋转，加工速度和效率得到了显著提升。

易锋机械董事长陆富荣回忆起那次"被盗"懊恼不已，"没想到这批人里，有一位日本企业代表和我们是做同样的零件。他看明白后，回去就改用了我们的技术。"

被外国企业偷了技术不无遗憾，却也证明了易锋机械这家中国制造业企业的技术实力。

老实的技术控

易锋机械现在是国内最大的汽车空调压缩机核心零部件制造企业，顶着这个光环的企业，从成立至今，却只有一个客户。易锋机械是一家民营企业，没有任何背景；而这个客户是业内的龙头企业，拥有绝对的话语权。体量不对等的两家企业维持了 20 多年的紧密合作关系，有一种解释能说得通：易锋机械产品的性价比足够高。

易锋机械是拿着一张图纸进入汽车空调压缩机配件这个行业的。

一个偶然的机会，易锋机械得到了给上汽集团制作汽车空调连杆的机会。而这个机会，真的只是一张图纸。如果易锋机械能够按照图纸制造出来零件，审核通过，就可以为上汽配套。

1991 年，易锋机械的前身，石门五金标准件厂是一家制造缝纫机主轴的小公司。当时中国服装行业刚刚起步，缝纫机行业虽然兴盛却也竞争激烈，易锋机械在红海中求生存，艰难地维持着。

　　当时的易锋机械在经过几年的市场洗礼之后，已经有些疲惫。因此，"为上汽配套"的机会更大的吸引在于上汽这个大客户，有了这样强大而且稳定的客户，易锋机械就抓住了市场。

　　当时，中国还没有企业能生产连杆，全部产品都需要从国外进口。易锋机械第一个任务，就是国产化。一旦开了头，就停不下来，此后，易锋机械的每一次产品创新，都是替代进口，是名副其实的国产化先锋。

　　1991 年 11 月，易锋机械生产的第一个连杆送出去，通过客户检测，质量达到国际标准，便小规模地用在了非大众汽车上。汽车行业标准高，易锋机械又通过 3 年的持续试用，保证质量，降低成本，最终赢得了客户企业的青睐，成为供应商。以一笔 50 万元的预付金作为开端，易锋机械开启了汽车空调压缩机零配件国产化的大门。

　　易锋机械后来的合作方式，就像是学生解题：客户给出一个产品的图纸或者要求，易锋机械就开始自己研发。

　　最难的一次研发，持续了 7 年。汽车空调压缩机斜盘外圈产品，其表面涂层技术全世界仅有日本一家企业能做。为打破垄断，降低整机采购成本，易锋机械累计投入 1000 万元，花费 7 年自主开发了涂层设备和特种涂料。

　　对于一家企业而言，用 7 年时间攻坚一个项目，信心、耐心和恒心缺一不可。有时，易锋机械给人的感觉像是一个学霸、技术控，这个"两耳不闻窗外事"的企业没有太多巧妙的经营之道，其实，回头看看，这才是最精明的市场经营手段——把产品的性价比做到最好，把服务做到最细致，让客户自己找上门。

　　汽车行业追求零缺陷，因为一旦发生事故后果不堪设想，责任重、压力大是行业特点之一。易锋机械副总经理王国兴说，"假设，一台汽车空调 3000 块，我们的零件即使只有 10 块钱，那么如果因为我们的问题坏了，我们要赔偿一个空调的钱。而且要影响信誉，不仅是我们的信誉，还有上游企业的信誉。假如汽车要召回，那这个厂都要赔进去了。"

因而，汽车产业对供应商的高标准可想而知。在每一个项目开发完成之后，客户会到易锋机械的工厂做现场评审，同时提出要求和建议，最终通过之后，才可以供货。即使没有新项目需要验收，客户每年也会到易锋机械进行年度评审。这样严格的供应管控体系督促易锋机械不断提升自身能力，公司先后通过了 ISO9001 国际质量体系认证、ISO/TS16949 质量管理体系认证及 ISO14001 环境体系认证。

自从成为上汽的供应商之后，易锋机械凭借质量和信誉，获得了认可，赢得了更多的项目，开发出车载空调压缩机零部件等一系列新产品。

经过多年的创新，易锋机械的产品涵盖汽车空调压缩机活塞、连杆、斜盘、驱动销、铜盘外圈、主轴和缝纫机主轴等多个品种，是国内最大的汽车空调压缩机关键零部件制造企业，具备了年产 800 万台压缩机关键零部件制造能力，同时公司具备了较强的研发团队和自主开发能力，并拥有具有自主知识产权，代表着汽车空调压缩机核心零部件制造的国际前沿技术和核心技术。

向管理要效益

向管理要效益，已经是老生常谈。而在中国制造业中，更多的企业还在通过降低原材料和人工成本来提高效益。在这方面，易锋机械显然走在了前头。

1996 年至今，随着我国汽车工业的发展以及中国汽车需求市场的价格、信贷和消费环境的改善，我国的汽车工业进入快速发展期。我国经济快速增长，人民的生活水平逐步提高，汽车需求量也随之快速增长。目前中国汽车市场成长为全球最大的汽车市场，未来汽车市场需求仍然十分旺盛。而汽车空调作为现代汽车必不可少的组成部分，行业在增长的同时，竞争也随之激烈化。

全球经济一体化的发展，迫使中国企业不可避免地要参与到国际竞争中。随着中国经济的快速发展，劳动力用工成本越来越高，原有的用工成本优势已经不存在，导致价格优势荡然无存，再加上汇率的变化，进口件的价格部分已经低于国产件的价格，这对国产零部件的冲击非常大。而易锋机械为自己树立的对标企业是水平更高的欧洲和日本企业，其所有项目皆为国产化项目，因此，企业经营各方面的难度可想而知。

陆富荣分析，从外部市场环境看，我们面临着国际市场竞争压力的挑战，技术和管理都亟待提高。所以，我们必须清醒认识到，要保持行业龙头地位，我们必须努力提升我们的管理水平、开发水平、技术水平和装备水平，提高我们的竞争优势。

对于汽车厂商来说，获得所需零部件无非两种选择：自制或者外购，但最重要的是能够以最低的成本获得最佳的零配件。对于汽车行业的供应商而言，单单有质量已经不足以应对白热化的市场竞争了，还要降低成本，性价比高才能守住市场。王国兴说，"客户不仅要求我们质量，而且还要求成本降低。汽车行业，新车推出之后，过了一两年就可能会降价，这时候整车客户会要求供应商降价。"

为了能够做到每年压缩成本，易锋机械的办法是不断地进行创新，创新包含两个方面，一个是加工设备的转型升级，自动化的推进；二是管理体系的提升。如果把技术实力比作数学，那管理能力就是语文，作为学霸，易锋机械当然不能偏科。

易锋机械以规范化运作为基础，以标准化管理为手段，以建立大制造体系为目标，全方位开展生产管理组织体系建设，一是生产计划体系得到了持续推进，建立了拉动式生产计划管控体系，企业的生产方式实现了从推动式生产逐步向拉动式生产转变，有效调动了制造中心各厂区、车间的生产资源，确保了交付任务的顺利完成。

为了快速高效地解决生产过程中存在的设备故障、质量、物料短缺等各类现场问题，易锋机械引进快速反应机制（QRQC），效果显著，生产现场出现的各类问题得到了较快解决。

管理的改进与创新离不开人才的支持。这些年来，易锋机械紧紧围绕"搭建平台、招才引智、精英引领、定向培养、全面提升"的人才方针，着力引进和培养专业化技术人才，累计培养各级技师近200人。作为业内的龙头企业，易锋机械自然成为优秀人才趋之若鹜的企业，具备了挑选人才的资格，但是公司"不以学历论英雄"，技术人员几乎都是公司自己培养，而企业中层以上员工，也大都是一线员工成长起来的。

智造化之路

现代科技已深深融入到企业的经济发展过程中，随着制造业的快速发展，成本逐步成为制约制造企业的核心，特别是汽车零部件制造业均面临着原材料涨价和劳动力成本急剧上升等问题。企业要想接轨世界，与国际企业进行竞争，获得更多的市场机会，原有的生产作业方式和管理办法已经不能适应企业的快速发展需要，而全面推动两化融合是解决企业发展瓶颈的最有效途径，这就对企业的制造手段提出了更高的要求，自动智能化生产线、辅助生产系统智能化、管理信息化集成化等已经成为汽车零部件制造企业内在的急切需求和可持续发展的必由之路。

陆富荣早就认识到智能化对于制造企业的重大意义。"让产品走出国门，自动化已经不是我们要不要做，而是不得不做的事情。"

2001 年，陆富荣第一次出国参观先进企业。"当时看到日本企业里先进的自动化生产程度，让我感到很震撼。"陆富荣当场就下定决心，自己的企业也必须与时俱进。

2007 年，公司正式成立自动化推进部。由陆富荣亲自主管自动化的研究，并给了自动化推进部强大的经费保障，给财务部下发了批文，"自动化推进部花钱，不用经过我审批，直接支付。"

陆富荣说，单纯的引入，就好比一部功能丰富的智能手机，功能太多，而企业需要的是结合自身的实际和产品的特性需求而定制的自动化，但引进的自动化设备，很多的功能就显得多余，这时就要考虑精益投入。对易锋来说，多出来的功能就是成本的浪费。

就这样，易锋机械的研发变成了有易锋特色的智能化之路。

2012 年易锋机械的自动推进小组升级为公司自动化事业部，着力推进设备智能化。同年，易锋机械就自主研发出适合自己工厂生产状况的智能自动机器人。有了这种机器人，车间工人只要把原材料放入周转箱，机器人就会自动拿取，自动做成成品零件，还能整齐码放好。一侧的电子屏，既可以显示当前运转状态，也可以读取参数。而且，整套系统和装置完全依靠企业自主开发，前后共花了4年时间。

2015年公司自动化事业部升级为装备中心，培养了一支拥有69名专业从事自动化、装备及信息化的研究与应用，工装、模具制造与管理的技术团队，并与浙大机械研究所在自动化领域开展了深度合作，实施自动化改造，大大减少了劳动用工需求，降低了生产成本，稳定了产品质量，同时深入实施两化融合建设，自主开发了MES（二维码，条形码）系统，并实现了MES系统与ERP系统的全面融合，自主开发的信息物理系统（CPS）为实现机联网奠定了基础。

汽车行业的特殊性造成准入门槛要求高，因此对于企业产品的制造能级要求也特别高。

提升自己的制造能级，企业必须敢投入，下功夫。近年来，易锋机械的科技研发投入每年都超过了销售额的4%，每年均在设备上投资3000万元以上用于设备升级和产品扩张，实现了设备由中低端向高端设备的跨越，新购买的数控车床全部采用业内高端设备，大量高精尖设备的应用推动了企业装备能级的持续提升。

付出就有回报，易锋机械不少自主研发的产品打破了业内国外先进企业垄断生产的局面，为企业节省了千万甚至上亿元的成本。

2016年易锋机械对装备中心设备部职能进行了全面调整，成立了装备技术组，实现了设备的管理、改造、调试、维护的有机结合，设备部管理能力得到了进一步强化，设备管理部门的功能得到了更好的发挥。

　　智能制造包括硬件的提升，也包括软件的开发应用。易锋机械在硬件上敢投入，在软件上也不放松。公司设备中心积极自主研发软件，并已初见成效。2016 年装备中心自主开发的设备管理软件已全面覆盖了三大厂区，实现了设备全过程作业的计划、实施、跟踪和监控，设备管理上了一个新台阶。

　　经过几年的积累，易锋机械已经实现所有部门全部采用网络化管理，新产品研发、工艺设计等全部采用计算机辅助设计（CAD）及计算机辅助生产（CAM）。同时，在生产自动智能化方面，已经先后完成了集成控制系统、二轴至六轴连动工业机器人、龙门机械手、组合式机械手、智能物流车和自动检测机构等一系列自动生产与检测装置，并成功实现了连杆自动生产线，活塞自动生产线和斜盘外圈自动生产线，取得了良好的效果。

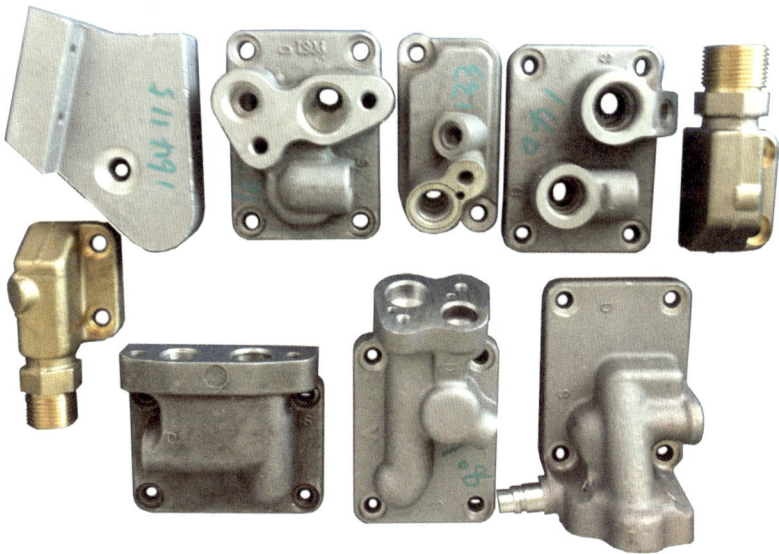

易锋机械产品

现在易锋机械具备年产 1000 万台套汽车空调压缩机的生产能力。巨大产能的背后是易锋机械生产管理能力的支撑。

集成应用自动化制造领域的新工艺、新技术，易锋机械研究并开发出具有自主知识产权的汽车空调压缩机零部件先进制造关键工艺装备、机联网系统、生产过程的自动化柔性生产线。

通过各种感知技术，如传感器、无线射频识别（RFID）装置、红外感应器、全球定位系统、激光扫描器等各种装置与技术，实时采集工厂中任何需要监控、连接、互动的物体或过程，采集其声、光、热、电、力学、化学、生物、位置等各种需要的信息，构建企业局域网并与互联网结合形成一个巨大网络。以实现智能化识别、定位、跟踪、监控和管理工厂中的人机料、水电气、生产进度、工艺参数、质量、环境等各种生产要素，从工艺规划和关键技术两个层面来保证汽车空调压缩机零部件生产线满足两化融合和满足高效要求。

把好制造这一关，在工艺上下功夫，效益自然有提升。陆富荣说："比如，原材料铝合金每吨 3 万元，如果锻造精度不高，会导致零部件需要更多的切削加工，费时费力又费钱。"换言之，精准度高，耗材就能下降，利润空间就自然增加。

未来，易锋机械将以物联网、机联网和大数据为依托，深入实施智能制造系统建设，全面提升企业智能制造水平，向智能制造工厂逐步转型，全面努力向"一人多机"和"一人一车间"，甚至"无人车间"方向发展。

陆富荣说，"这对推动我们企业科技创新至关重要，我们现在提出的目标是'智造'，而不仅仅是创新。"

第六篇
欣兴工具：钻研创恒精神

秦　伟

北京奥运场馆工程、上海磁悬浮列车工程、青藏铁路工程、东海大桥工程、杭州湾跨海大桥……国内一系列重点工程建设大量采购欧美进口钻头的历史如今早已被欣兴工具所改写，甚至包括具有"工具王国"之称的德国在内的全球 30 多个国家和地区也大量订购欣兴工具的高品质钻头，这到底是怎样一家企业呢？

对于企业来说，工匠精神就是变与不变的考量，技术创新是企业可持续发展的动力，务实做事是企业在竞争中生存的能力。浙江欣兴工具有限公司（以下简称"欣兴工具"）总经理朱冬伟说："创新是变，质量是不变，就像我们企业品牌'创恒'一样，最重要的就是把产品做专、做精、做特、做新，达到'恒'这样一种境界。"

20 年磨一钻

成功背后，有运气，但更多的是必然。

1992 年，欣兴工具前身六里乡北桥工具厂宣告成立，厂房是租的，加上老板共 3 名员工，几台旧机床架在水泥预制板上，自此，"钻头"就成了关键词，企业开始了"创恒"追求。

"创办之初，工厂是典型的家庭小作坊，几台仪表车床，没有高学历的专业人才，没有经营资金……"朱冬伟介绍，"从小作坊发展起来，我们唯一有希望倚仗的就是质量，做出口碑，才能换来品牌。"朱冬伟是这么想的，也是这么做的。他说，"我们作为高性能切削工具的生产企业，都是毫厘之间的把握，所以哪怕只是一丝的变化，也会影响切削效果或者使用寿命。"

"我们最初生产的是传统金属钻孔工具麻花钻等低端产品，由于该产品已不能满足现代大型钢结构工程质量和进度的要求，且国内生产的企业众多，竞争激烈，企业生存和发展举步维艰。"朱冬伟回忆，"在巨大的生存压力下，工厂成立时间不长就面临转型升级！"为此，工厂将目标锁定为高效、耐磨、便携的多刃钢板钻。

"转型升级，不可回避的是面临资金、技术、装备、管理等种种困难，我们义无反顾地倾家投入资金购进相关的技术设备，从机

床的选型、安装，到初步的产品设计，到加工工艺的编制，到工装夹具的设计，到对员工机床加工的训练辅导，以及检验标准的制定，成功创新了机械加工工艺的分段流水化，使复杂的机械加工变得易学易掌握，使新员工进厂之后，很快就能够适应自己的工作，从而推进了企业的发展。"朱冬伟介绍。

1995 年，公司开始开发高效钻孔刀具。在开发的过程中遇到了产品寿命不长的问题，阻碍了产品推向市场，对此难题研发小组人员对每一道工序进行分析研究，并制定了详细的方案。同时，他们还大胆地提出通过特殊的热处理方法使产品的切削刃度有超硬的性能，经过近 3 年的不断改进、优化，终于成功地开发出了具有自主知识产权且质量达到国际水平的"多刃钢板钻"。朱冬伟非常自豪，"成功开发出了具有自主知识产权且质量达到国际水平的多刃钢板钻，在磁悬浮列车安装等多项国家重点工程产品质量竞选中，我们脱颖而出，获得了供应商资格。"

欣兴工具率先将高效钻孔工具"多刃钢板钻"研制成功，产品被国家科技部等五部委认定为"国家重点新产品"，先后列入"国家火炬计划""国家创新基金"等项目，成为国内首家生产"钢板钻"的企业，填补了国内空白。因为有欣兴工具的引领，"钢板钻"在国内形成了一个高效节能钻孔的新型行业，形成了我国原本没有的"钢板钻"行业和市场，公司从一个小作坊发展成为全球知名的钢板钻制造商。

"多刃钢板钻"以它的稳定性强，定位精度高，散热快，高效率，降低功耗，使用灵活方便和性价比高等优势和特点，广泛应用于造船、建筑、航空、环保等钢结构行业，达到甚至超过国外同类钻头的质量性能，而价格仅为其一半左右，欣兴工具从国内外工具企业中脱颖而出，接连中标多项国内重点工程，海外订单也接踵而至。英国一家老牌工具企业干脆关停自己的钻头生产线，转而成为欣兴工具的国外销售合作伙伴。

"这种国内首创的新产品，不仅钻孔效率比传统的麻花钻高 2 至 5 倍，而且钻头寿命和钻孔精度大大提高，尤其是因携带方便、适合野外作业而大受客户青睐，就连俄罗斯建造潜艇用的也是我们的钻头。"朱冬伟介绍说，"现在该产品的销售收入已占企业总销售收入的 95% 以上，85% 的产品都出口到欧美的 10 多个国家。"

"'专精特新'的发展是中小企业转型升级的必由之路。"朱冬伟表示，那些能够专注于某一行业领域，做专做精的核心产品，只有坚持持续快速创新，建立起独具特色的企业品牌，才能成长为细分市场的"隐形冠军"。

创新质量，持之以恒，凭着一步一个脚印的扎实发展，欣兴工具自主品牌"创恒"已是"中国驰名商标"，企业被认定为"国家火炬计划重点高新技术企业""国家级高新技术企业"。

今天的欣兴工具拥有核心自主知识产权专利 110 余项，其中发明专利 7 项；主导起草制定国家行业标准《钢板钻》；成功开发过去 30 多年来一直被国外品牌所垄断的核岛用高强度钢筋混凝土金刚石薄壁钻（简称金刚钻）；成功开发与德国品牌媲美的磁座钻机等多项新产品，产品广泛应用于桥梁制造、轨道交通、钢结构工程、机械制造等各领域，覆盖全球 30 多个国家与地区，产品出口至曾经被视为行业排头兵的德国、美国、英国等地，在国际行业领域受到了广泛关注。

20 多年来，欣兴工具在钻孔加工领域里，脚踏实地、潜心钻研、深耕细作、精益求精，一直致力于高性能切削刀具的生产研发，在毫厘之间追求效率，生动地诠释了"工匠精神"的内涵。

手持金刚钻

没有"金刚钻"，别揽"瓷器活"。对于把订单交给一家偏居乡镇的私营企业，这可能是哈尔滨汽轮机厂相关业务人员的真实想法。"通过牵线搭桥，我们与哈汽联系上时，对方不太信任，毕竟深孔钻此前一直依赖进口，同时加工工件又十分昂贵，一个工件要上百万，而工件上要打成千上万个孔。"朱冬伟说到，"得益于国家大力推动核心设备国产化的大背景，对方愿意试一试，结果这次合作赢得了对方的充分肯定。"

利刃还需淬火，热处理是高性能切削刀具的重要工艺，该工艺的好坏决定着产品的上限。1997 年，欣兴工具成功建立热处理工艺线，而这背后是长达 3 年的"围炉夜话"。

"这几乎是我工作以来最深刻的记忆，我们 4 个人已经达到了废寝忘食的地步，晚上也经常睡在炉子边，心中就想着一件事：如何让温度曲线达到理想值，这样的研发持续了 3 年。"全国劳模、欣兴工具副总经理姚红飞说。令人欣喜的是，这条热处理工艺线目前依然在运转，并且在工艺水准上依然处于行业领先地位。

1992 年，作为三名"元老"之一，19 岁的姚红飞进入海盐县六里乡北桥工具厂，成为该厂一名普通的机械工人，由于对机械行业的热爱和执着，他刻苦钻研，苦练技术基本功，不断提升自己，从车工到铣工、磨工、热处理工，到现场技术员，产品技术员，很快成为企业的一名技术骨干。20 多年来，他从一名普通的机械工人成长为"全国劳动模范"，演绎着一段"传奇"。2009 年 2 月，他被授予"全国机械工业劳动模范"荣誉称号；2010年4月被授予"全国劳动模范"荣誉称号；2011年9月被授予"中国机械制造杰出青年工艺师奖"。他先后支持100多项国家专利产品研制，带领企业在创新发展的征途上一路奔跑。

工欲善其事，必先利其器。工具是工业发展的基本要素。姚红飞说："欣兴工具从事的是工具类产品的开发生产，虽说是传统行业，但永远拥有广阔的市场前景。""市场前景广阔，并不意味着可以坐享其成。行业竞争犹如逆水行舟，不进则退。"姚红飞对市场竞争有着清醒的认识，就拿拥有自主知识产权，跻身国际领先水准的"多刃钢板钻"来说，也并非完美无缺，这些年来，他引领研发团队一直在完善这款公司当家产品的制造工艺，使之更精准对接市场的需求。

欣兴工具产品

"产品研发不可能一劳永逸。"姚红飞说，"保持一颗匠心，不能满足于阶段性的成果，而是持之以恒专注于你的工作，体会付出和收获的过程。"

2000 年后，随着良好的出口形势，欣兴工具的产品不断走出国门，2000 年到 2004 年，企业产值实现了从 100 万元到 1000 万元的飞跃，而随着产品的出口，国外严苛的技术标准、质量要求也对企业产生了很大的触动。

如果没有标准化的质检，产品有朝一日就会面临退货的危险，在市场竞争下，企业必须自我加压。在欣兴工具每年买进的钢材中，有很大一部分并不用于生产，而专门用于研发或质量的测试。据统计，用作测试的钢材一年就有上百吨。同时，企业也一步步壮大研发团队，在欣兴工具实验室，记者看到进口体式显微镜、金相显微镜、德国直读光谱仪、硬度检测机等设备一应俱全。"作为高性能切削工具，钻头尖上的几何形状都是毫厘之间的把握，一丝变化就会影响切削效率或者使用寿命。"姚红飞说到，企业的管理常常是微观的管理，放大 500 倍的管理！

钢板钻、孔钻、钻机、金刚钻、航空钻、整体硬质合金刀具、非标刀具……目前，欣兴工具已拥有 13 类产品。"一般我们每年都要推出一个新产品，同时 3 到 5 年就要实现产品换代，像我们的拳头产品多刃钢板钻已经出了好几代了，质量还在不断提升，在世界领域内做到了顶尖水平。"姚红飞说。

从制造迈向智造

生产成本的上升成为企业的最大生存压力，在劳动力成本上升大趋势的同时，市场竞争又引起新一轮的产品降价，企业的利润空间被一再挤压。朱冬伟说，"企业再不改变就等于坐以待毙了"。

"现在的形势对于所有企业都是一样的，没有办法回避，只能不断进行技术创新，才能闯出一片天地。"朱冬伟表示，"技术创新是企业可持续发展的动力，务实做事是企业在竞争中生存的能力。最重要的就是把产品做精、做专、做强。通过设备升级、管理提升，赋予产品更大的竞争力，走出一条创新之路。"

未来怎么走？低档次、低价格必定没有出路。只有从"制造"迈向"智造"，提升产品档次，提升产品质量，与国外洋品牌竞争，才能在刀具市场上继续保有一席之地。正因如此，朱冬伟升级设备的同时，依托电脑机床正谋划着未来的"智造"蓝图。

走进欣兴工具的车间，整齐划一的"机器矩阵"气势夺人，行业顶尖的全自动数控机床按照操作员的参数设置，切割、打磨一气呵成，精确快速地生产出一个个工件。"采用数控机床极大地精简了工序，而且工人上手快，产品生产又好又快。所以我们每年愿意投入千万元资金来升级设备。"朱冬伟说，而且依托数控机床的功能可以进行联网控制，为我们下一步的"智能"蓝图提供实现可能性。

据悉，为了这批先进机床，欣兴工具从 2008 年开始每年投入近千万元。为了在行业内保持竞争性，从传统制造进一步向科技"智造"业迈进，朱冬伟表示："坚持投入，技改启动就不能退缩。"

面对近年来生产成本的上升使得企业压力倍增，市场竞争又使得产品价格一再下降的严峻形势。朱冬伟时刻不忘企业的生产模式革命，向"智造"模式迈进。

"企业要发展，产品要更新，质量要提升，这一切都要靠人来完成。"朱冬伟表示，"企业要做到创新，最关键是'人'的因素，不改变传统的思维方式、管理手段，还是停留在过去的模式上，肯定不能适应社会的发展而遭淘汰。"

凭着一支技术过硬的研发团队，欣兴工具2005年即组建了"高新技术研究开发中心"。2011年，姚红飞牵头组建创新工作室，数年来已成功开发了拥有自主知识产权的"金刚钻""环形刀"等系列产品，摸索出了"精细热处理工艺"等几十项工艺革新。值得一提的是，企业研发的"金刚石钢筋混凝土薄壁钻"成功弥补了国内空白，打破了国外企业的垄断。三大钻头系列产品进入了《首批中国核建核电工程集中采购物资目录》。

"目前我们已经具备三维设计的能力，可以把产品的三维参数编制成数控加工程序，导入数控机床，更方便地将设计转化成产品。"朱冬伟说："我们还将着力于公司所有的数控机床进行联网，慢慢地实现从目前的数控化生产向未来的智能化生产过渡，这样的目标难度很高，但一定是我们努力的目标。"

"'创恒'品牌诠释为创新永恒的追求。未来，欣兴工具将以'工匠精神'践行品牌价值，以专心做'好刀具'为使命，使产品品质在国际上更具有竞争力，在国内替代更多的进口产品，打破国外垄断，确保企业能够持续为社会作贡献，为实现'中国制造2025'的目标努力奋斗。"朱冬伟表示。

第七篇
晋亿实业：小螺丝大世界

秦　伟

　　走进晋亿实业股份有限公司（以下简称"晋亿实业"），就能看到几个大字——"小螺丝大世界"。

　　"'小螺丝大世界'这句话饶富哲理。"晋亿实业创始人兼董事长蔡永龙回忆说，"这是时任浙江省委书记张德江 2002 年 9 月 2 日在晋亿实业视察时留下的题词。这六个字，道出了'大'与'小'的辩证关系，是我们晋亿产品攻城略地，拓展市场的真实写照。"

　　"五金产品的种类繁多，为什么几十年了，你一直在做螺丝，从台湾地区做到马来西亚，从马来西亚做到越南，从越南做到祖国大陆。你难道对螺丝总是那么专注，那么情有独钟？"出于好奇心，笔者问了这么一个问题。

　　"因为熟悉！"蔡永龙回答，"做了这么多年，积累了经验。另外，这个产品算得上是金属制造业的'长青之树'。它不像别的产品'新陈代谢'很快。"说到螺栓和螺帽，蔡永龙充满了深情，"你看，不管是办公室的桌椅、橱柜，还是城市里到处崛起的高楼大厦，到今天我们中国制造叫响世界的航母、高铁都少不了这小小的螺丝！"

在晋亿实业的产品陈列室，笔者浏览了标着"晋亿""CYI"商标用于铁路、公路、桥梁、机场、高楼等大型工程的紧固件产品；用于家电、家具、电力、汽车、摩托车、自行车、发动机和通用机械等的系列紧固件产品。蔡永龙介绍说："我们生产的紧固件有数千种、成千上万个品种和规格，所以，有人称我们这里为'螺丝超市'。"

今天的晋亿实业，在嘉兴市嘉善县建立了世界上最大的"螺丝王国"，已是全球产量最大的螺丝制造商——2万种不同类型紧固件组成的弹性库存，年产各类紧固件可达70万吨，其庞大的仓储空间足以存放相当于41座埃菲尔铁塔的钢材。在全国6000余家同类企业中，晋亿实业以其硕大无朋的规模和利润，稳稳端坐在霸王之位。

晋亿实业的前世与今生

与大多数台湾老一辈创业家一样，蔡永龙少时家境贫苦，没有

太多条件上学。小学毕业后，蔡永龙就离开台湾彰化的竹塘老家，一个人前往冈山拖拉机厂开始了学徒生涯，后来又去台北一家车加工厂工作。在台北这家车加工厂上班期间，他每天晚上去佛堂听课接受仁义礼智信的学习，这段期间对他未来的思想产生了非常深远的影响，他常常跟人说从商就要讲商道。在这里待了两年，后又经朋友介绍去了冈山的大顺螺帽厂，从此，蔡永龙正式踏入了紧固件这个行业。

素有"螺丝窟"之称的冈山，在 20 世纪六七十年代聚集了大量生产型企业。但 1979 年蔡永龙服完兵役回到冈山时，曾经工作过的大顺螺帽厂已经倒闭了，他只好自己东拼西凑了 10 万元台币，成立了"晋禾公司"，开始生产螺帽。

公司草创时期，物质条件相当艰苦，没有钱盖厂房，蔡永龙和家人就将自家的客厅当车间，买不起成套设备，蔡永龙就带着弟弟蔡永泉、蔡永裕，四处买旧的机器设备和零部件。然后，凭借在机加工的工作经验，蔡永龙根据图纸自己动手组装了两台螺帽成型机。

那一年，蔡永龙 26 岁。

1987 年，蔡家兄弟为了突破市场瓶颈，决定前往泰国投资，甚至还学了一年的泰文。不过，因缘际会下，蔡家兄弟反而落脚马来西亚，后来的马来西亚厂也成了当地的上市公司，正好和 2007 年在上海 A 股上市的晋亿实业相互辉映。蔡家一连坐拥两家海外上市公司，算得上是光耀门楣。

与大多创业者一样，创业之路不会一帆风顺。蔡永龙的创业之路也是如此，在小螺丝发展和成长的过程中，也曾经遇到过别人无法想象的痛苦与艰难。比如，当初到大陆来投资兴业，在某种意义上说，也是为经济形势所逼迫。

"当时，晋禾公司在台湾地区虽有一定销售额，但与岛上年营业收入数亿元的行业龙头相比，还是有很大的差距。况且在台湾地区，螺丝行业的发展空间相当有限。我认为，只有走出台湾地区，才会找到新的发展机会。"蔡永龙回忆说，"我当时的愿望就是在祖国大陆投资，建一家世界一流的紧固件企业，把'小螺丝'真正做大、做强。"

1993 年，蔡永龙将投资目标指向大陆。

办一家什么样的企业？选择在大陆什么地方发展？对于第一个问题，蔡永龙没有丝毫犹豫，再一次选择了螺丝，但选择地点却颇费周折。

决定作出后，蔡永龙到大陆考察了两年，前前后后跑了 10 多个地方：大连、沈阳、青岛、萧山以及广东、福建的城市……经过一系列的对比与观察，蔡永龙最终将目光锁定江浙沪交界处的浙江小城嘉兴市嘉善县。

为何投资嘉兴嘉善，蔡永龙为我们说出了一段鲜为人知的故事。在嘉善实地考察时，他悄悄地坐了一辆三轮车，把一个小小的县城兜了一圈。乘坐三轮车返回宾馆时，不慎将钱包遗落车上。"在 30 多年前，交通不便，信息不畅，我认为这个钱包肯定是丢了。但仅仅过了一小时，车夫居然找到了我下榻的嘉善县城罗星阁宾馆，送还钱包，包里没有少一样东西。车夫还一再道歉，为了知道是谁的，私自打开了钱包。"蔡永龙回忆，"地佳人善，这就是嘉善！"

蔡永龙决定投资大陆，在嘉兴市嘉善县设厂。

1995 年 11 月，总投资 2996 万美元的晋亿实业在嘉善经济开发区动工兴建。在经过 3 年的努力与摸索之后，1998 年，晋亿最大、最完整的垂直整合厂在嘉善完成投产，成为全球第一条"螺丝一条龙"生产线，自此让晋亿坐上全球产能的第一宝座。目前，晋亿实业每年约可创造 1 亿颗螺丝。

"我们到祖国大陆来投资，看中的就是大陆巨大的内需市场。"蔡永龙坦言，"我一直坚信，大陆迟早会成为世界上最大的螺丝市场。"

机会终于来了，而机会也只是留给有准备的人。20 世纪末的一场金融风暴，印证了蔡永龙"中国将成为世界最大的螺丝市场"的预言——国内"增加内需"的市场走向，给了晋亿实业"向内销转型"的契机。"当时外销市场不好做，我就开始转做内销，从 80% 外销做到 80% 内销。在 10 多年的转型变化中，我已经把内销市场打开，做出了品牌。"

"英雄不问出处"，且看蔡永龙扩张霸业的纪年：1980 年，时年 25 岁即在台湾地区创办晋禾企业股份有限公司；1988 年，在马来西亚创办晋纬控股股份有限公司（上市公司）；1995 年，在浙江省创办晋亿实业股份有限公司（上市公司）；2001 年，在浙江省创办浙江晋正自动化工程公司；2002 年，在浙江省创办浙江晋吉汽车配件有限公司；2003 年，在广州创办广州晋亿汽车配件有限公司；2005 年，在山东省创办晋德有限公司。

2007 年 1 月 26 日，晋亿实业在上海证交所挂牌上市，为了这场长达 5 年的上市梦，蔡永龙还亲自设计了一个由数百个螺丝拼装而成的"螺丝盘"，取名"聚宝盘"，和上海证交所交换礼物。用蔡永龙的话说：螺丝让他从无到有，他感恩螺丝，螺丝就是他的聚宝盘。

蔡永龙回忆，当时历经半小时的来回答辩后，他在最后答辩时，仅说了一句话，"委员，我只有两个字，就是诚信。"蔡永龙一说完，身旁的券商还担心此关难过，但蔡永龙相当有自信，果真当晚他就收到顺利过关的消息。

蔡永龙自己都很难相信，这一行一干就是 30 年。眼下，蔡氏三兄弟分别位于祖国大陆、台湾地区及马来西亚的三家工厂，晋亿、晋禾、晋纬犹如三驾马车，驰骋在"螺丝世界"这一毫不起眼，却又不容忽视的细分制造业里。

垂直整合与超级库存的高效互动

2005 年 8 月 29 日，"卡特里娜"飓风导致了美国新奥尔良地区有史以来最为严重的灾害，95% 以上的电力、网络、无线通信等设施变成了一堆废墟。为了尽快恢复供电，全美进口商之一迈达斯（MIDAS）作出的第一反应是，向全球各家螺丝厂紧急求援，同步向全球各螺丝厂发出 1200 吨电力螺丝的订单，要求在一个月内送抵新奥尔良。

这种电力螺丝每颗重达一公斤，所有生产企业都是接到订单之后才安排生产，这样算来，仅仅生产这批螺丝就需要 45 天的时间，加上运输时间，最快都需要 60 天的时间新奥尔良才能恢复电力供应。蔡永龙告诉记者，"美国要求在一个月内送抵新奥尔良，这项近乎苛刻的要求，让许多本来有意抢单的国际业者打了退堂鼓。"

面对苛刻的要求，只有晋亿实业硬挺着"吃"了下来。

而位于浙江嘉善的晋亿实业现代化仓库中，早已经储备了 600 吨这种电力螺丝；而其余 600 吨电力螺丝，接到订单后仅仅耗费了一周的时间即完成了生产任务。10 月初，全部 1200 吨电力螺丝已经运抵美国新奥尔良，与其他螺丝生产企业相比整整提前了 30 天的时间。

这就是全球最大的螺丝制造企业晋亿实业依托信息管理与物流优势实现超级库存有效运转的杰作。

早在多年前，"螺丝大王"蔡永龙已经在研究螺丝产品的转型升级，在思考螺丝产业的"战略转移"。那么，究竟怎么"转"？这个庞大的"螺丝王国"的出路在哪里？

"发展物流！"蔡永龙明快地说，"就是从螺栓、螺母等各类紧固件的专业化生产，向各类五金销售配送方向进行产业延伸。"目前，晋亿实业的产品在中国大陆有将近 50 个物流点，已形成覆盖整个长三角、珠三角以及北方地区的产品配送网络。

螺丝又称为"工业之米"。就如同经营粮食一样，螺丝制造行

普亿实业特写

业也面临着规模和利润的两难选择：螺丝的单位利润微薄，必须依靠规模实现效益；但螺丝种类繁多，扩大规模必将带来大量库存，这样会占用大量周转资金，资金利用率不高，进而更加拉低利润率。

为了突破这个瓶颈，晋亿实业采取了与众不同的商业模式：首先，在坚守和发扬自己在螺丝制造行业的技术优势的前提下，向上游整合原材料供应，向下游整合物流配送，利用垂直整合的成本优势打破库存瓶颈，支持库存的规模扩张；同时，超级库存的规模又可以形成极强的磁场效应，拉动销售量的提升，二者在信息系统的有效配合下形成高绩效的互动循环。

很多人都怕库存太多销不出去，但在蔡永龙的想法里面，螺丝是标准件，而且各行各业都用得到，只要管理得当，让自家仓库成为客户仓库，反而是帮客户解决仓储问题，"现在客户可以一次下单一年的量，我们每个月就来做配送。"

"现在不是靠造螺丝赚钱的时代了，晋亿实业赚的是物流的钱，赚的是管理的钱。"蔡永龙这样解释晋亿的商业模式。"生产能力再强，一包螺丝的价格仍旧不高，但若加上筛选、装配、储存、配送等服务附加价值的话，一包螺丝的身价往往可以翻上好几倍，这才是今后的主要利基。"蔡永龙解读到。

这时，蔡永龙为我们道出了选址嘉善的第二个原因，"晋亿实业选址位于沪杭铁路，302 国道和大运河三线'交汇'的嘉兴嘉善，有高速公路直通，离火车站不到 5 分钟车程。"并且，为了利用运河水运的成本优势，晋亿就将自己的原料库与大运河河岸直接相通，并自建三座私人码头接驳货物。

"以前，我说晋亿实业赚的不是螺丝的钱，而是物流的钱，许多人都感到吃惊，觉得不可思议。"其实，在蔡永龙的人生经历中，有许多类似这样的采取"逆向思维"而赢得成功的例子。

把小螺丝铺到了青藏铁路

"不管在万里之外的新奥尔良，还是在海拔数千米的青藏高原，我们都能见到晋亿螺丝的身影。"蔡永龙非常自豪地说，"晋亿把我们中国的小螺丝铺到了青藏线！"

让我们回到 2009 年，由于全球金融危机，保持近十年持续快速发展的紧固件行业遭遇重创，成为晋亿实业国内外市场形势最为严峻的一年。"这是我们公司投产 10 年来，第一次进入经营低谷。"一名公司高管坦言，"2009 年，晋亿实业普通紧固件产品出口订单下降了 52%，即使有订单基本上也是亏本的，开工率低于 50%。"

让晋亿实业头痛的事情不仅是出口区域的需求下降，还有金融危机的冲击助长了贸易保护主义的抬头。2009 年 9 月 24 日，加拿大边境服务署（CBSA）决定对原产于或出口自中国的碳钢紧固件进行反倾销再调查。同年 10 月 14 日，美国商务部（DOC）决定对原产于或出口自中国的碳钢紧固件进行反倾销、反补贴合并调查。

反倾销调查的困扰其实一直存在。当时，已经有 8 个国家或地区对中国紧固件产品进行反倾销调查。在此之前，中国大陆的紧固件企业已经数次遭到不同国家提出的反倾销起诉。

紧固件产品出口市场受阻，国内市场同样不容乐观，企业之间互相杀价竞争空前惨烈，让晋亿实业由外销向内销的转型之路布满荆棘。2009 年年初，晋亿实业甚至有了让员工放长假的打算。

2009 年前三季度，晋亿实业亏损 1200 万元，而上年同期业绩是盈利 1.04 亿元。

内忧外患，晋亿实业到了最危险的时刻。"幸亏有了高速铁路扣件业务，让苦苦煎熬的晋亿实业得以扭转乾坤。"蔡永龙坦言。

2009 年年底，晋亿实业收到铁道部运输局的通知：他们生产的数款扣件系统通过了铁道部的上道技术审查，可上道使用。"这是一个历史性时刻，是一个值得我们记住的时刻。因为，这是铁道部对国内客运专线扣件生产厂家第一次进行上道认可，通过审查就意味着我们可以名正言顺地进入中国高速铁路市场。"一名高管兴奋地说到。

回想起晋亿实业与铁路的亲密接触，蔡永龙仍历历在目：2002 年，举世闻名的青藏铁路建设项目公开招标的时候，是晋亿实业第一次接触铁路紧固件，"当时建造青藏铁路所需的铁路紧固件需要解决三大技术难题，我们进行高投入攻克了这三个技术难题后才去参加投标的，结果第二轮就胜出。"蔡永龙说。

青藏铁路因路经永久冻土地带，对螺旋道钉的要求极其苛刻：首先，耐寒性能要好，需要至少零下 40 摄氏度低温测试通过；其次，强度等级达到 8.8 级以上，高于普通铁路用的螺旋道钉，在国内还是首次使用；再次，由于高寒地区人工维护的不便，螺旋道钉、螺母的防松性能和防腐性能也大大高于普通铁路的要求。苛刻的技术要求为各竞争者设置了不小的门槛。"晋亿开发的高强度螺旋道钉及防松螺母被青藏铁路气候环境最恶劣的 550 公里冻土路段所采用。"蔡永龙介绍，"晋亿实业是气候环境最恶劣的青藏铁路项目紧固件唯一中标单位。"

让我们梳理下晋亿实业进入高铁扣件的时间轴：2002 年 4 月，

铁道部运输局批准晋亿实业为"铁道器材研发基地"；2002年9月，公司中标青藏铁道大扭矩紧固弹条Ⅰ型扣件螺旋道钉、防松螺母、限位板；2006年4月，筹建晋亿高速铁路扣件生产基地；2006年8月，中标郑西及温福客运专线扣件系统；2007年12月，取得了铁道部工管中心颁发的客运专线扣件系统"自主研发考核合格证书"；2008年3月，中标宜昌至万州客运专线扣件系统……

其实，早在上市之初，晋亿实业就瞄准了我国未来的高速铁路市场，募集资金大部分被用在高强度异型紧固件上。

2006年，在国家首批高速铁路扣件系统的招投标中，晋亿实业就中标4个包件，拿到了7.5亿元的订单，获得16%的市场份额，而当时外资品牌大概占了接近50%的市场份额。

2008年，晋亿实业完成技术改造、技术开发项目6个，总投资8909.12万元，开发新产品112项，产品涵盖轨道交通、电力、工程机械、汽车、建筑钢结构、家用电器等六大系列，尤其是不断完善了高铁扣件系统各类配套产品。

2009—2010年间，铁道部进入高铁紧固件的招标高峰期，晋亿实业已经开始分享这一盛宴。2009年11月18日，晋亿实业中标新建京石铁路客运专线、石武铁路客运专线（河北段）工程5.8亿元的F01包件。同年10月，晋亿实业与中铁三局太中银铁路吕梁山隧道项目签订了1249万元的采购合同；与哈大铁路客运专线签订了7.9亿元的采购合同；与长吉城际铁路签订了总价为570万元的采购合同；与张集铁路总承包中铁四局签订了总价为681万元的采购合同。

如果说，晋亿实业为青藏铁路提供4000万元高标准扣件是蔡永龙事业上的一个高度，那么，晋亿实业与郑西和温福高铁所签订的 7.5 亿元的大额订单，则可算作是蔡永龙在事业上的一个宽度。

依靠提早布局高铁紧固件业务，晋亿实业安然渡过了创立 10 年以来最难的关口。

扎根大陆处处有机遇

蔡永龙辛苦经营多年的晋亿实业，如今成长为全球产量最大的螺丝制造商，在大陆有约 50 个物流点，产品配送网络覆盖整个北方市场、长三角以及珠三角。晋亿五金这个品牌，已成为同行业的一面旗帜。

"我出生在台湾彰化，但我的祖籍在大陆，根在福建，祖父于清代道光年间从老家福建泉州晋江市东石镇移居台湾，我的家族属于东石蔡氏的一个分支。"蔡永龙说。更令人尊敬的是，他给他的儿子取名为"晋彰"，取两个地方各一个字，以此来教育下一代不要忘本，同时所有"晋"字辈的企业为什么不是山西的企业而以晋字命名的谜底也被揭开。

"小时候，两岸民众不相往来，但老一辈倒时常提起在大陆的根，我们更不敢数典忘祖。"与大多数台湾老一辈创业者一样，1955 年出生的蔡永龙，少时家境贫苦，但他刻苦努力，不断拼搏，有着典型的奋斗者性格。

"大陆的市场广阔，机遇比比皆是，着眼长远，坚持下去，就会有回报。"蔡永龙由衷地感慨。

当前，两岸关系步入大发展、大合作、大交流的新阶段，两岸经贸交流和人员往来日益频繁，越来越多的台商看好大陆内需市场，跃跃欲试。当问及蔡永龙对此有何建议时，他说："只要你脚踏实地地去经营，讲诚信，做品牌，市场就在你面前，哪里都是一样的。"

"在大陆做事，要扎得下根，要着眼长远，坚持下去。"基于多年来对大陆市场的深刻了解，蔡永龙直言，随着大陆经济的高速发展，企业的竞争力也在不断增强，台商想要进入大陆市场，需要更为开阔的视野，更需要坚持的勇气和精神。

"小螺丝，大世界"。正因为蔡永龙的努力不懈以及精准、独到的市场策略，开创了晋亿实业的传奇，也谱写了台商勇闯大陆市场的动人故事。

"爱拼才会赢。"回顾自己的发展历程，蔡永龙言简意赅地说，这也是晋亿实业 30 年的发展写照。就如歌中所唱："三分天注定，七分靠打拼，爱拼才会赢！"

HAILIAN

第八篇
海联锯业：在传承中坚守

秦　伟

春秋战国时期，相传鲁班因为被草划破手指而获得灵感，从而发明了锯。而在今天的嘉兴海盐，有一群人把锯发扬光大，至今因锯而走过了 25 年……

从初创时期的"蓬头垢面"，到如今的"万众注目"；从当初与国际品牌的"望尘莫及"，到如今的"同台竞技"，海联锯业科技有限公司（以下简称"海联锯业"）在其 25 年的发展历程中所经历的一切，从某种程度上说是"中国制造"走向"隐形冠军"的一个缩影，也是其中可以借鉴的典型。

与国际大佬"同台竞技"

"蓬头垢面，筚路蓝缕。"海联锯业总经理季胜华为记者描述公司成立之初的状况，"1993 年，海联锯业的前身海盐联合钢锯厂初创，在简陋的车间仅有 5 名工人，繁重的工序、单一的产品，年产值不足 100 万元。当时电动工具刚刚兴起，市场对产品并不是很认同，产品销售非常艰难。"

25 年后的海联锯业，已经发生了天翻地覆的变化——年产值突破 1 亿元，成为拥有自主品牌和专利的高新技术性企业，从临时租赁厂房，仅有 5 名员工的作坊式企业壮大成为拥有占地面积 24000 平方米，建筑面积 28500 平方米，员工规模 300 多人的现代化管理企业。

海联锯业与国外行业巨头博世（Bosch）、罗克韦尔（ROCK-WELL）、琢美（DREMEL）等国际著名公司也已建立长期战略合作关系。"真没想到中国的工具能卖到这里，更没想到的是，中国的工具质量这么好，完全适应我们这里残酷的工作环境！"甚至是在瑞典、德国这些"工具制造王国"，海联锯业也凭借优秀的品质和性价比，得到诸多好评。

2014 年，包括海联锯业在内的 5 家嘉兴企业组团奔赴杭州参加"2014 年浙江省科技成果竞价（拍卖）会"，经过多轮竞价，最终海联锯业以 120 万元成交价竞拍成功南京航空航天大学的"新型硬质合金颗粒钎焊工具制造新技术"。

海联锯业为何敢一掷百万竞拍？

"海联锯业作为一家科技型企业，为了保持行业领先地位，光靠内部技术研发团队是远远不够的，向外引进技术是我们保持创新能力的重要途径。"季胜华说，"虽然这是我们第一次参加竞拍，但之前和南京航空航天大学有过合作，并深入了解了他们的研究成果，所以这次竞拍我们是志在必得。"

季胜华表示，该技术使产品质量更加稳定，焊接颗粒更为牢固，在使用过程中不易脱落，从而能大幅度提升产品的使用寿命。

"2016 年 11 月，美国一家知名公司携海联锯业在内的 6 家同类产品（国内 4 家、国外 2 家）到海联进行测试。经过反复试验对比，海联锯业的产品测试指数位居 6 家之首。"季胜华非常自豪地为记者介绍，"从当初面对这些'大佬'胆怯、望尘莫及，到现在面对面比拼、同台竞技。可以说，我们的产品已经步入世界一流水平，我们非常自豪！"

既是设备引进者更是技术研发员

整整齐齐的锯条摆放得像是弹夹，全自动磨齿机启动后，伴着低沉的轰鸣，"弹夹"被慢慢吞进机器。"这台全自动磨齿机速度是人工的好几倍，一天能够完成万余支锯条的磨齿加工，原本的人工磨齿熟练师傅一天也只能完成 2000 多支。"海联锯业科技有限公司总经理助理冯子超告诉记者，自 2012 年开始，海联锯业就开始酝酿生产线改造，通过外部引进、定制设备、自主研发等，多个关键环节都实现了自动化，大幅提高了生产效率。

近两年，海联锯业着力做好设备升级，在"机器换人"方面动作不断。"锯类工具生产加工时，很多动作是重复的，工作量大，另外产品精密性要求高。所以企业的自动化生产水平越高，就代表着在市场竞争中越有利。"季胜华如此解读。

值得一提的是，为了寻找适合企业的自动化设备，海联锯业积极联系瑞典专业公司定制机器。分析工艺、制定参数、讨论方案、互访洽谈，海联锯业来来回回花了一年时间，投入资金近 300 万元。"我们通过定制的新设备，把高频热处理和分齿工艺整合在一起，简化了原来的工序，效率提高一倍，产品精密度得到了进一步提升。"季胜华说。

通过引进新式设备，海联锯业把粗洗、精洗、浴洗三道工序整合在一起，一人负责管理即可。随着数控铣床的投入应用，一个工人可以管理三台设备，该环节减少用工量 35%。海联锯业改造原有的锯片焊接生产线，旋转式焊接设备大幅提高了生产效率。"两年时间内企业投入了 2000 万元，不过自动化升级并非朝夕之功，下一步还有很多技术项目要改进。"季胜华表示。

海联锯业作为一家高新技术企业，要持续发展不能只满足于设备引进，自己也要拥有过硬的技术。目前企业拥有机械、热处理等专业工程技术人员近 30 名，组建了自己的技术团队，在设备改造、技术升级等方面发挥了重大作用。

来到点焊工序现场，只看到工人小心翼翼地把锯条放入，再手动操作焊头，双手一刻不停。"点焊工序都是重复性工作，做起来很累，但又得打起十二分精神，一不小心就容易受伤。"季胜华说，正因为如此，技术团队对点焊设备进行了多次试验，升级改造。

据介绍，企业自主研发的新型点焊设备不需人工操作，利用推送杆可以自动把锯条送到精确的焊区，焊头焊接也将实现自动化。

"目前我们已经试用过一段时间，现在技术团队正在根据试用反馈做二阶段的调整。"季胜华说。

一流企业做标准

"现在很多行业都面临着产能过剩的困局，但市场向上的纵向延伸却存在着很多空白，而占领这样的市场空白则需要企业产品够新、够好、够耐久。"海联锯业科技有限公司总经理季胜华说。那么，海联锯业又是怎样践行这样的发展思路呢？

记者了解到，海联锯业共有 48 个项目获得国家专利授权，发明专利 3 项，实用新型专利 13 项，外观设计专利 32 项。其中，"高速钢锯条低温淬火处理工艺"项目获得嘉兴市科学技术进步奖；"HAILIAN"多功能锯片、园林工具荣获德国科隆 2011 亚太采购交易会"中国五金精品"称号。

正是凭借着产品创新，海联锯业正在向更高端的市场迈进。"我们和世界第一电动工具品牌博世所合作生产的产品已经推向市场，并受到了市场的欢迎，相信这将为企业完成今年的销售目标注入动力。"季胜华说。

"三流企业做产品、二流

海联锯业产品

企业做品牌、一流企业做标准，海联锯业也希望能做一流企业。"季胜华介绍，海联锯业不仅主持制定国家标准《手用钢锯条》《园艺工具通用技术条件》，同时负责起草和参与起草了《曲线锯条》《鸡尾锯》《往复锯》《木工绕锯》《木工锯条》《钢冲》《钢凿》等行业标准。2017年又负责起草了《摆动锯片》《摆动铲刀》《摆动磨片》三个行业标准，现正在报批中。

"锯条类产品以前一直没有统一的国家标准，导致整个行业标准混乱，严重制约行业发展。我们作为行业领头企业之一，首先提出了规范行业标准的想法，并授权企业研发中心主任徐明群带头组织。"季胜华回忆，"1999年10月，我们率先制定了企业标准，并获得了海盐技术监督局的认可，使得海联锯业的锯条在尚无国家标准及行业标准的情况下，有了一个获得技术监督部门认可的标准，为整个行业国标的建立迈出了第一步。"

2008年，徐明群凭借自己在行业专业领域内的突出表现，申请了国家曲线锯条行业标准的制定，并获得了全国工具五金标准化中心和全国工具五金标准化分技术委员会的批准，并担任主要起草人。

"未来更要在德国五金工具行业、南德认证的基础上，通过ISO质量管理体系的运行和2017年5月中国合格评定国家认可委员会（CNAS）实验室的通过，进一步提升企业标准化、规范化水平，建立行业产品标准体系，进军国家标准制定者行列！"季胜华信心满满。

回忆起最初走向市场的举步维艰，再对比今天的自信自豪。海联锯业凭借坚定的信念和执着的坚守一步一步提升自身实力。季胜华展望未来："不断丰富产品种类，成为国内同行业中产品最齐全的厂商，同时通过不断创新加快企业发展步伐，运用先进质量管理理念、方法和成功企业的最佳实践，构建了公司的卓越绩效模式，实施持续改进与创新。通过向行业标杆学习，提升核心竞争力，在追求卓越中成就卓越，成为行业领导者!"

第九篇

宇星螺帽：行业的革新者

秦　伟

　　来自德国的先进抛丸机仿佛一个蹲踞着的巨人，六七分钟，巨人"肚皮"上旋转式铁门开启，铮亮的钢料慢慢转出，铁门背后一卷粗料转入后进行除锈作业。叉车带着一卷卷钢料往返穿梭，抛丸机正开足马力进行除锈作业，这是海盐宇星螺帽有限责任公司（以下简称"宇星螺帽"）新开发的物理除锈生产场景。

　　"这是全国紧固件行业的第一台！"宇星螺帽董事长沈家华介绍到，"这是企业花了近 600 万元从德国引进安装的先进除锈设备，节省了原有的酸洗工人力，并且新型的物理（抛丸）除锈将代替原来的化学（盐酸）除锈，彻底消除了废水、废酸、废泥、废气等污染，无异于紧固件行业的革命"。

　　引进了德国的先进抛丸机，彻底消灭了废酸等污染，有效提升了"铁海盐"的转型空间。2017 年前两月，宇星螺帽的产值增长较快，同比增长幅度达到了两位数的增长，这与公司近年来一直注重从设备、管理、产品质量、技术交流、节能环保等多维度进行转型升级、提质增效分不开。

三十年河东，三十年河西

海盐宇星螺帽有限责任公司前身是海盐螺帽总厂，公司位于上海至杭州，苏州至宁波相交的黄金地段——浙江省海盐县场前镇，东邻乍浦港、杭州湾跨海大桥，交通四通八达，得天独厚的交通条件掀开了宇星螺帽的传奇篇章。

宇星螺帽成立于 1978 年，到现在已经有近 40 年的历史。经过多年不断开拓和创新，现已拥有 66 台台湾产的多攻位先进冷镦机，是一家年产量超 55000 吨的专业螺母生产企业，已成为中国螺帽行业最大的生产厂家之一。

宇星螺帽热处理车间

公司于 1993 年取得自营出口权，1997 在美国登记注册了产品标记，1999 年通过了国际标准化组织 9001：2000 质量体系论证，2009 年通过了欧洲统一认证，2012 年通过了欧盟 14399-1：2005 认证、欧盟 15048-1：2007 认证，2013 年通过了 ISO/TS16949：2009 认证。不仅能生产中国国家标准、国际标准化组织标准、德国标准化学会标准、美国国家标准学会、英国 BS 标准、意大利 UNI 标准及各种异型螺帽，而且可生产汽标、风电、机械、铁路等特殊行业高性能螺母。

"成立时，海盐宇星还属于一家乡镇企业，集体管理的单位，没有什么竞争压力，整个海盐也就只有两三家紧固件厂。"回忆起创业，沈家华历历在目，"到了 1988 年以后，海盐紧固件厂开始不断增多，而从 20 世纪 90 年代中期开始到现在，海盐的紧固件企业开始大面积增加，这期间，海盐宇星也逐渐从一家'缺乏活力'的乡镇企业转变为一家'具有竞争力'的民营企业。"

俗话说"三十年河东，三十年河西"，在宇星经历的从乡镇企业转变为民营企业的 30 年，沈家华认为是"30 年风风雨雨，困难与挑战就没有停息过"。从企业内部看，乡镇企业的经营模式、乡镇企业员工的工作方式、乡镇企业员工的工作理念等等，这一切都束缚了宇星的快速成长；而从外部来看，紧固件企业日渐增多，导致竞争不断加剧、原材料价格不断攀升、出口退税下调、欧盟反倾销、美国反倾销等等大棒纷纷挥向宇星，当然这也影响着整个紧固件行业。

海盐螺帽是以出口螺帽为主的公司，80% 以上的产品都出口到德国、法国等欧洲国家，欧盟反倾销、出口退税下调等直接增加了公司产品的成本，给公司造成了一定的发展困难。2009 年年底，公司就及时掉转"枪头"，将销售重心转向国内市场，同时推出系列高端产品，力求更大发展。沈家华说，经济危机更是一个契机，公司能否持续发展，关键看你是"冬泳"还是"冬眠"。产品转内销战略，既能化解因外销不畅造成的过剩产能，也在一定程度上扭转了以往对国外市场的过度依赖。沈家华表示，一直以来，公司都是两条腿走路，2009 年更是将产品全面推向国内市场。如今螺帽产品在国外市场大幅萎缩，如果企业现在才考虑转型，将会非常被动。

活下来，必须要有改变

"想要活下来，就必须要有改变。"这是沈家华的一句座右铭，"改变，就是要有创新。"

一直以来沈家华将"人有我优，人无我有"作为企业的经营理念，不断进行产品创新，提升产品质量，增加产品附加值。"宇星是单一生产螺母的专业性企业，型号规格齐全，同时企业具有良好的信誉与质量，这样的优势也使产品占据了广大的市场。"沈家华表示，"'创新'一直是宇星的追求，公司产品已经开始转型升级，低档产品逐渐转移，依靠丰富的经验、高超的技术、严格的管理、精良的设备，将重心转向生产附加值高的新产品。"

"不创新就不可能把产业做大做强！"沈家华说，"作为一家专业生产螺帽的企业，关键是要'专'，要创新。"

"每个公司有每个公司的定位，我们的定位是把螺帽做精，做出规模，做出特色。"沈家华对于公司定位非常清晰，"在全球化方面，公司的螺帽已经做到了个性化需求。比如现在德国的产品需求很复杂。表面处理、热处理等方面都不一样，但是公司都会和大客户做好准备工作，记录好表面硬度是多少，这样的准备做好了，订单的量和价格都有了很大的改善。按照客户的要求来做产品，是企业的一大特色，这个特色要是没有了，就会和其他的厂商同质化。"

"螺帽制造生产是一个很简单的生产过程，如果没有特色的话，公司的竞争力就会削弱。"沈家华解释道。

为适应转型升级的需要，宇星螺帽频频亮出了新招，"随着全国各地高速、机场等一系列大型工程的建设，对高端技术生产的高强度螺帽产品有着大量需求，这对宇星来说，是一个崭新的机会。"沈家华说，公司在 2009 年已着手生产这方面的产品，把好每一道关，确保产品质量，争取尽快抢占这一市场。

宇星螺帽数控设备

2014 年，公司又上马了一个新的技改项目——年产 8500 吨 10 级以上螺帽技改项目。"新项目生产出的紧固件产品主要用于小轿车的制造上。这些紧固件产品属行业中的高端产品。这项生产技术在行业中处于领先地位。"沈家华介绍说。

既要抓产品研发，也要抓产品质量，沈家华凭着多年来在行业内的摸爬滚打，也摸索出了一套自己的方法。"全世界没一个质量差、光靠价格便宜的产品能够长久地存活下来。"

公司不仅认真挑选原材料，而且安排专门的质量检验人员，从产品生产到产品包装发货整个过程，不定时地巡检。"我们的测试设备是同步的，所以他们就依据我们的测试报告做出决定。"沈家华说，公司和国外的拉力、电脑曲线图等方面都是一样的。所以，客户信任我们的产品，信任我们的检测，我们的产品在欧洲也很有名气。

机器换人，换来碧水蓝天

水能淹死鱼吗？能。两年前，海盐白洋河环绕明珠振兴产业园区那一段，几十家紧固件企业往河里直排锈水，多年来一片"橙黄"，被市民戏称为"黄河""酷儿河"。别说鱼虾活不下来，村民都不敢取水浇地。如今，这条河变成了白洋河湿地公园，临水十里长廊，碧波荡漾。

白洋河是海盐的主干河道，与杭州湾水域相通。自古以来，海盐就依赖白洋河获取灌溉、水运、排涝等便利。

一条河，两年间，巨大的变化让海盐市民又惊又喜。

提到海盐，必然会提到紧固件，有着"中国紧固件之乡"的海盐被称为"铁海盐"，海盐及周边 100 公里地区范围有 2500 余家螺帽、螺丝、螺杆、标准件制造企业，产量和出口量均占全国的 2/5，2016 年度年产值已达 80 余亿元。这其中也包括宇星螺帽。

提起紧固件行业，人们往往会想到劳动密集型的污染企业。"污染与劳动密集是以往紧固件行业给人最直接的印象，但随着环保和人工成本大幅提升，留给企业就三条路，留下来、走出去或者死掉。"沈家华说，原有的模式已经走到头了，要想留下来，提高生产设备水平和劳动生产率势在必行。

"宁可不要这上亿元的 GDP，也要还百姓一汪碧水"。为还百姓一条美丽的白洋河，海盐县政府痛下决心对该河附近的工业园区实施关停，并投资约 6000 万元抽水、清淤、植绿、造林，建生态湿地公园。在治理水环境的同时，海盐县政府还开展了一场酸洗磷化企业和紧固件企业污染整治行动，对该县酸洗磷化行业实行了全方位、全时段、地毯式检查，对存在环境违法的企业进行立案查处。

"环境短板折射企业发展短板。"沈家华说，治水倒逼企业转型升级，今后企业更要重视环境保护、重视科技，向绿色发展转型。

宇星螺帽的前身海盐螺帽总厂，也是当年临河而建的紧固件企业之一。回忆起那时的白洋河，沈家华感慨万千，"当初大家都没有环保意识，随意排放，导致水污染非常严重，白洋河变黄只是最直观的表现之一"。众所周知，紧固件生产过程中最容易造成环境污染的环节就是酸洗。

随着环保部门监管处罚力度的加大和老百姓监督意识的增强，企业的环保意识也逐渐增强。"企业发展不能只考虑赚钱，还应该考虑对当地的贡献，其中环保是最重要的事"。沈家华说，"现在白洋河治理好了，我们得想办法从源头上制止污染"。为了消除酸洗工艺的环保隐患，沈家华花大力气寻找替代工艺。

那么何谓酸洗？简单点讲，就是将钢材浸泡到盐酸等酸性溶液中，以去除其表面的氧化皮和铁锈。"这一工艺通常会产生'四废'，如果管理不当，极有可能造成环境污染。"沈家华解释，"第一，酸洗中产生的固体废弃物处置困难，没有合理的场所消纳；第二，尽管我们要求企业统一安装酸雾吸收塔，但若企业在具体操作过程中存在疏忽，那盐酸蒸发过程中产生的废气会污染空气；第三，企业若偷排废水，会导致水污染；第四，废酸处置比较困难。"

机器轰鸣的厂区里，摆满了刚生产出来的各种型号的螺帽。除此之外，就是一卷卷锈迹斑斑用来加工螺帽的钢料。

公司的一位负责人带领记者走向除锈车间，这是必不可少的一道工序。路过废弃的酸洗池，他说，以前工人在这里用酸去除钢料上的锈。如今多个长方形池子里布满灰尘，池壁上酸腐蚀过的片片痕迹，诉说着昔日的"繁华"。

"原来的酸洗车间内气味很难闻，工作环境也比较差。"一名车间员工如此描述。

"当初园区提出来，如果企业还想在原来的地方生存下去，一定要转型升级。"沈家华至今还记得当时敲下来的这"当头一棒"。"随着环保和人工成本大幅提升，留给企业就三条路，留下来、走出去或者死掉。"

一次偶然的机会，沈家华听说了"抛丸机打磨法"，于是他花了两年时间，多次出国考察，并最终斥资600万元从德国引进一台抛丸机。利用钢珠碰撞物理除锈取代原来的盐酸化学除锈，彻底消除了废水、废酸、废泥、废气"四废"污染。这台新设备不但能月处理 6000 吨钢料，还节省了一半的人工，成本也降低了一半左右。

沈家华介绍，目前引进的德国抛丸机一个月能处理 6000 吨钢料，设备通过钢珠碰撞物理除锈，较之前的酸洗工序效率更高，而且节省了一半的人工，真正做到了减污增效。

在除锈车间，记者看到来自德国的先进抛丸机仿佛一个蹲着的巨人，随着巨人"肚皮"上的旋转式铁门开启，一卷粗料开始除锈作业，六七分钟后，褪去"锈衣"的锃亮钢料就缓缓转了出来。

抛丸机由两部分组成，主体是打磨装置，旁边则是氧化皮回收装置，两部分由管道相连。打磨装置的右侧有一扇旋转门，工人操作按钮，旋转门会将挂在上面的一捆锈迹斑斑的钢材顺时针转进机器里，然后抛丸机利用抛丸器抛出的高速钢丸打磨处理钢材表面的氧化皮和铁锈。几分钟后，会将光洁如新的钢材转到门外。与此同时，打磨下来的氧化皮会被回收装置吸进铁桶，整个过程全部机械化。

"这种工艺不会产生任何污染"。沈家华说，"而且成本会大大降低"。沈家华算了一笔账，过去一吨钢材光酸洗成本就要 110 元，而现在只需 60 元。按这台机器每天连续运转 20 个小时算，一个月可以打磨六七千吨钢材，一年就可以省下 300 万元到 350 万元。再者，原来酸洗腐蚀每吨损耗 0.6%，现在打磨损耗只有 0.3%，而且打磨下来的氧化皮粉末可以作为铁红粉出售。

自 2011 年开始，宇星螺帽就开始了"机器换人"大改造，计划投入资金逾 3000 万元。

除了先进的除锈设备，宇星螺帽各车间内的关键环节也都升级转向自动化。来到全自动筛选机旁，只看到轮盘转动，把一个个螺帽带入激光校准区，选出良品，次品则被统一回收进行重铸。"这些筛选机明年将到位 19 台，预计用工能够减少一半，光人力成本每年就能减少 60 万元，并且机器检帽速度快、质量高，产品品质更受客户信赖。"沈家华介绍。

全自动脱油机 3 台，投入 90 万元，员工从 18 人减少到 10 人；攻牙机 95 台，投入 400 万元，员工从 60 人减少到 25 人；冷镦成型机 8 台，投入 1800 万元，员工从 8 人减少到 4 人；小包装机 15 台，投入 100 万元，员工从 25 人减少到 12 人……

"随着'机器换人'进程，设备革新确保了产品质量，降低了生产成本。另外像德国抛丸机、41B 冷镦机这些设备我们都是全国行业里最先使用的，抛丸机环境效益显著，41B 冷镦机的冷打质量更能确保产品性能，这让我们能够一直保证竞争力。"沈家华说道。

"作为传统紧固件企业，一定要像凤凰涅槃一样，舍得投入，专注于'机器换人'、转型升级，如果还是老面孔，没有精细化管理，必定会被市场淘汰。"沈家华说，"随着'机器换人'，设备革新确保了产品质量，而且降低了生产成本，更有利于产品出口。"

作为紧固件产业内的"翘楚"，宇星螺帽公司通过"机器换人"等转型途径，不但转出了效率、换来了效益，而且走上了生态环保的发展道路。曾经的"夕阳产业"又变成了"朝阳产业"。沈家华表示，这主要体现在，随着产品质量、经营管理水平的提升，企业的市场竞争力不断强化；在销售不变的情况下，效益有了明显提高，这让企业有了持续转型升级的动力。

第二部分

电信　电力电子

TDG 天通

第十篇

天通控股：要把自己变成摇篮的行业领袖

黎光寿

评价一个物体的坚硬程度，用的是莫氏硬度，而地球上最硬的物体钻石硬度值为 10，比钻石稍软一些的是蓝宝石，其硬度值是 9，而钢铁的硬度值是 6。这意味着，如果您手里拿着一款蓝宝石屏幕的手机，如果不是摔到坚硬的石头上的话，您想用刀划开屏幕，基本是徒劳之举。而玻璃屏幕的手机则容易被硬物划伤。

因为蓝宝石坚硬的品质和漂亮的外观，从 2014 年华为 P7 推出蓝宝石屏幕的手机开始，vivo、苹果、金立等手机厂商也都陆续推出了蓝宝石屏幕的手机，迄今为止，手机厂商在蓝宝石屏手机上的竞争已经呈白热化状态。谁推出了蓝宝石屏幕的手机，在市场上就有一个宣传的噱头，也吸引了消费者的目光，手机价格也比一般的要贵。

生产蓝宝石手机屏幕所用的蓝宝石并非天然蓝宝石，而是人工蓝宝石晶体。消费者有可能知道是哪一家公司生产的蓝宝石屏幕，但对生产蓝宝石晶体的公司，就不见得知道了。而这家公司就在浙江嘉兴，全称叫天通控股股份有限公司（简称"天通"），是中国第一家由自然人直接控股的上市公司。

从2010年起，天通已经开始了对蓝宝石晶体的生产探索，2014年成功出炉15英寸蓝宝石晶体，成为国内唯一一家实现可制作15英寸（超大尺寸）晶棒及窗口材料的公司；2016年成功生产的200公斤级蓝宝石晶体属于国内企业生产的最大蓝宝石晶体。天通的蓝宝石产品包括2、4、6英寸蓝宝石衬底、蓝宝石手机面板、蓝宝石手机镜头盖、指纹识别盖板及蓝宝石可穿戴相关产品。

对天通来说，除了蓝宝石晶体以外，其业务中规模更大的是软磁铁氧体磁性材料，另外，天通还投资了多家公司，在光伏太阳能发电、环保设备等领域深有建树。其磁性材料产品曾经应用于"神舟八号"和"天宫一号"的交会对接，天通子公司天通精电公司则是世界运算速度最快的"天河一号""天河二号"超级计算机的制造基地。

公司资料显示，天通创办于1984年，其前身是海宁电子元件厂，至今已33年，从人的角度看，天通已经过了"而立之年"了。现在天通已经成为拥有4000多名员工的集团化、区域化和多元化的上市公司。

从乡镇小厂到上市公司

在 20 世纪 80 年代，改革开放的春风吹遍了东南沿海，一批私营企业应时而生。在浙江海宁，不少人办起了纺织厂、服装厂、皮件厂，很快赚到了人生的"第一桶金"。天通现任董事长潘建清的父亲、老企业家潘广通却另辟蹊径，从高科技入手，创办自己的电子元件厂，选择了软磁铁氧体磁芯电子产品，给当时中国都还没有大规模普及的彩色电视机做配套。

在出产品前，需要先进行试验性生产，潘广通的试制同样也不顺利，第一次失败了，第二次本来仍抱着很大希望，但还是失败了，经过上百次失败后，终于生产出了第一批合格的产品——彩色电视机用软磁铁氧体磁芯材料。凭借艰苦奋斗的精神、敏锐的市场洞察力及灵活的营销机制，潘广通的电子元件厂短短三五年就在业内小有名气。

在 1992 年之前，许多人办企业都需要找一个挂靠身份，让自己的企业挂上"国营企业"或者"集体企业"的名头，天通也未能免俗。邓小平的南方谈话让地方打破了姓社姓资的束缚，海宁电子元件厂作为海宁首家股份合作制试点，于 1993 年 8 月改制为股份合作制企业，200 多名职工成了天通的合法股东，企业名称也改为海宁市天通电子有限公司。

体制创新有效带动了企业跨越式发展，1996 年年底，天通生产的软磁铁氧体磁芯材料产品销售已雄踞全国行业首位，获得了"中国软磁王"的美名。为进一步增强企业发展后劲，天通于 1998 年 12 月通过决议，更名为浙江天通电子股份有限公司，从而完成了天通史上的"六年（1993—1998）三改制"。

"六年三改制"并不仅仅是公司名称的变更，实际上是公司组织形式的变革，更深层的是天通电子从几次改制中，确立了公司的战略定位及发展目标。此后，又经历3年的"双高认证"和上下艰难求索，终于在2001年1月18日，天通股份4000万股普通股A股在上海证券交易所挂牌上市。

在中国资本市场上，天通上市之前，中国资本市场主要是为国有企业脱困而设，天通在A股挂牌具有里程碑的意义，其是全国证券市场第一家由自然人直接控股的上市公司，也是中国软磁铁氧体磁芯行业首家上市公司。天通股票受到投资者追捧，最初以每股8.99元价格发行上市的股票，迅速突破40元。

在天通上市之前，国内软磁生产企业约有500家之多，但真正上规模、产品上档次的厂家并不多，竞争领域主要集中于低端产品，天通尽管是行业第一，但与其他企业差距并不大，技术和人才差别也不是特别明显。上市为企业融到了宝贵的资金，让天通能够从容地购买全球最好的设备，招募最好的人才，建立最严格的生产标准，提升产品层次，一下子就与行业内其他企业拉开了差距。

在A股上市后，天通制定了成为软磁铁氧体磁性材料"行业规模世界第一，技术水平全球领先"的目标，在管理上"以一流的管理和人力资源，追求完美的产品质量和服务质量"作为公司定位，结果是其生产的TDG牌磁芯产品于2005年被认定为国家免检产品，2007年被命名为中国名牌。

更大的成就还在后边：2011年，天通生产的高端软磁铁氧体磁性材料配套于"天宫一号"和"神舟八号"成功对接；2012年，成功实施全国第一批"金太阳"示范项目——海宁皮革城3.6兆瓦分布式太阳能光伏发电项目；2013 年又成功实施 10.38 兆瓦的海宁经济开发区用户侧光伏发电示范项目；2013 年春，由天通子公司天通精电公司制造的"天河二号"超强计算机，荣登世界超级计算机大赛榜首。

在新兴产业上，天通蓝宝石从 2010 年起步，历经三年，已从生产单个 30 千克、70 千克到 2013 年的 90 千克，2014 年春的 150 千克以上的 C 轴蓝宝石晶体。2016 年更是生产了 200 千克以上的蓝宝石晶体，再次成为国内第一。

非家族式管理的家族企业

"一次创业凭胆大，二次创业靠理智"。相当数量的民营企业家，是凭借改革的机缘和自己的胆识成功的，可是当企业发展到一定规模时，他们便感到在管理上力不从心。一是个人风格问题。民营企业家习惯了原来事必躬亲，不会放手使用人才，不知道怎样去授权，这在创业完成后进入规范化管埋阶段就成为发展的障碍。二是企业问题。家族企业社会资源太少等各种原因也不容易留住人才。

天通董事长潘建清认为，企业要留住人才、用好人才，才是发展的关键。他介绍说，留住人才首要的问题是价值观，他提出了"理解、尊重、和谐"的价值观，"这会让人的相处更容易接近、更容易沟通"。对优秀拔尖人才，积极推行"技术入股，利润共享"政策，制定技术要素参与收益分配的实施细则，专门从集体积累中划出一定股份，奖励给有突出贡献的人才。公司预留部分资本金，以股权形式奖励给有突出贡献的科技、管理人才。

天通早在 1999 年改制上市时，就专门划出 70 多万元股权，奖励给 20 多名科技人员，其中最高奖励达 6 万余股；2000 年，公司奖励科研成果 71 项，这些成果为公司带来了几千万元的利润；2005 年，公司对 9 位作出突出贡献的天通功勋人员奖励了每人一辆价值 35 万元的奥迪 A6 型小轿车；2009 年起，公司又实施了虚拟股票期权计划，用于激励和留住人才。

2002 年，天通为了发展光电产业，把一批美国硅谷的留美博士请回来，给他们一个很好的平台。潘建清当时就表示，投入 2000 万元，可以在未来三年内没有收入。这些"海归"人员也没让他失望，他们所创办的"博创"公司现在发展得很顺利，其主打产品——平面波导光功率分路器更是居于全球领先地位，市场占有率为 30%，成为光通信器件全球小巨人，于 2016 年 10 月在创业板成功上市。在 30 多年的历史中，天通从一家家庭型的企业转变成为技术水平和生产规模位居全球同行业前列的上市公司，以"政治信任、工作重用、待遇从优、住房准入、股份激励"为激励政策的用人文化已经成为企业先进文化的核心内容之一。

在潘建清看来，作为经营者必须关注企业的生命周期，全力使这个企业更健康地发展，为国家为社会作出更大的贡献。"天通公司竞争力优势有两方面，一方面是股权结构的特色，自然人为背景的股权结构；另一方面是不以家族方式管理的家族上市公司。"在天通，许多直系亲属都被请出了公司。在天通公司董事会上，提议被否决或推倒重来的案例很常见。

潘建清介绍，天通传统的机器设备折旧年限一般为 8 年，折旧率约为 12.5%，由于上市后设备更新，使用寿命延长可以达到二三十年左右，因此部分高管在 2003 年想更改这一会计处理方法，提议延长折旧期、降低折旧率，这既有合理的一面，还可以提高公司业绩，使公司形象更加漂亮，结果因为"对公司长期发展不利"而被董事会否决。事实证明，天通法人治理结构的健康运行，是保持公司健康运行的根本保证。

追求有含金量的财富

目前在软磁行业里，天通处于领先地位，产品科技含量较高，市场占有率是35%左右，位居全国第一，全球前三。自2000年以来，全球的电子信息产业几经曲折，未来几年将是一个发展型的成长期。中国国内市场对软磁铁氧体的需求量逐年上升，平均每5年翻一番，2000年为6万吨，2005年为10万吨；全球对软磁铁氧体的需求量2015年达到50万吨，较2010年的30万吨增加约66%。

但天通从来没有止步，天天搞技改是其特色。"十五"期间，公司共有45种新产品、36个新材料通过了省级以上鉴定，均达到国际水平，奠定了天通在国内同行业内技术领先的地位。特别是，近年来公司成功开发的最新一代高性能功率MnZn铁氧体TP4D新材料（已列入国家"863"计划）及军用激光大功率开关电源磁芯等新材料，为公司向高科技领域迈出又作了重大的贡献。

"十一五"期间，天通继续坚持创新、率先实现转型升级，克服了全球金融危机的影响，完成了公司在电子材料与部品、专用高端装备、新能源环境技术与应用三大产业并举发展的产业战略布局。尤其是在2008年国际金融危机期间，公司前瞻性地瞄准了国内外市场和技术的前沿，重点在发光二极管（Light Emitting Diode，简称LED）蓝宝石和光伏太阳能发电以及环保设备等新能源、新材料和新技术产业领域进行布局。

通过创业创新，转型升级，天通管理和产品质量进一步提升，天通获得了广泛的社会认可——从 2007 年到 2011 年，天通获评中国电子元件磁性元件类"最具潜力"领军厂商、第二届大中华区电子变压器电感器行业用户最满意软磁铁氧磁芯供应商奖；还被评为国家重点高新技术企业、国家发展改革委高新技术产业化示范工程、浙江省创新型示范企业、浙江省重点企业创新型团队。

从 2010 年起，天通建成高端专用装备基地，又投资兴办了 LED 蓝宝石衬底材料和太阳能光伏发电等新的项目。使其迅速实现了由民营企业向规范公司治理的公众公司的转型；实现了从单一磁性材料产业向电子材料、电子部品、智能装备三大产业并举发展转型；实现了从单一的公司向控股公司运作的管理机制转型，从而奠定了公司发展方向和发展模式。

从"中国软磁王"走向蓝宝石等新材料、智能装备制造产业，天通的发展之路还在向前延伸。尽管天通的事业越做越大，但身兼公司董事长和总裁于一身的潘建清，却始终保持了十分的清醒和低调。"我父亲常说，钱已经够用够吃了，千万别去碰违法的钱，要看得远一点"。潘建清认为，赚钱并不是他办企业的唯一目标，"要追求财富的含金量"。

"正因为我对自己的公司有信心，手里的股票从未减持过。"潘建清称，经过前几年的转型升级，天通无论是在投资方面、还是人才管理团队的储备方面，已经符合新兴产业发展的要求，打开了快速发展提升的大门。"天通目前非常健康，中长期投资或者中短期投资都有良好的融资能力，并且能为投资者带来一个合理的回报。"

潘建清认为，无论是企业发展还是投资，都必须要考虑自身的发展战略以及实现的路径，其包括三个方面，一是对自身产业的定位；二是发展风险的考虑；三是规模的扩张要符合企业的自身发展规律。天通成为中国第一、世界前三之后，还以自己的公司和产业为基础，朝上下游延伸拓展，硬生生地培育出一个新的产业集群出来。

把天通变成摇篮

从 2003 年开始，潘建清根据公司的发展战略，瞄准了海外留学生团队拥有国际领先技术和产业报国的热情但是缺资金缺平台的契机，开始尝试海外领军人才的引入，投资创立浙江博创科技有限公司（以下简称"博创科技"），从事光电子器件及其子（亚）系统的研发、制造与销售。从项目洽谈到公司注册，潘建清亲自挂帅，并从天通抽出兼职专业人员在创造平台、资金支持、科技支持等方面参与博创科技前期的筹备协调，为朱伟博士为首的管理团队自主经营做好参谋和服务工作。

该公司成立时，天通作为第一大股东出资 50%，海外创业团队以专有技术入股占 25%，留美博士朱伟担任这家中美合资高科技企业的副董事长兼总经理。但在 2009 年谋划创业板上市时，潘建清主动提出调整股权结构，让创业团队增持股份，成为第一大股东，朱伟任董事长，真正实现了创业团队对公司的股份控股。

天通摸着石头过河，十年时间，博创从无到有，从弱到强，逐渐成长为全球颇具实力的平面波导光通信器件供应商，产品成功打入了日韩、欧美等海外市场以及中国电信和中国联通等国内主要营运商客户，其主打产品平面波导光功率分路器全球市场占有率为

30%，博创终于成为光通信器件全球小巨人，并获中国证监会核准在创业板首次公开募股。

2010年3月，浙江昱能光伏科技集成有限公司（以下简称"昱能"）成立，其由天通公司作为投资主体，与来自美国（硅谷）的二位高层次人才凌志敏博士和创业合伙人罗宇浩博士合作共同创立。嘉兴科技城以创业引导资金的方式投资昱能公司，此外还有天通公司、浙江兴科科技等4家公司投资，凌志敏博士出任昱能公司董事长兼总经理。

昱能公司在设立之时就充分吸取了博创的经验教训，合同约定在两年后将政府创业引导资金大部分转移给创业团队，从而使创业团队成为第一大股东，为创业团队无论是从企业管理和还是公司股权实现双控股奠定了基础，也为后续适时筹备上市排除一些不利因素。

昱能发挥领军人才的科研优势，形成了有效的自主创新体系，完成三代产品的研发和产业化，其中第二代产品YC500微型逆变器，获得浙江省科技进步二等奖，第三代YC1000-3三相微型逆变器属全球首创。产品在国内及澳洲、北美、欧洲等数十个国家及地区得到广泛运用，2016年销售收入1.7亿元，行业市场占有率中国第一，全球第二。

目前，昱能公司逐渐成长为智慧型微型逆变器全球领先者，公司先后被认定为高新技术企业、浙江省专利示范企业、浙江省出口名牌，凌志敏博士也入选了国家"千人计划"。

凯盈新材料是一家把太阳能正银电极浆料国产化的高科技企业，彻底解决了太阳能电极浆料进口替代的问题，让中国太阳能电池行业具有更强的竞争力。而凯盈新材料的创始人、首席技术官穆罕默德·西拉理博士，是世界上太阳能电池表面金属化暨丝网印刷技术领域的第一个博士、正银浆料优化理论的奠基人之一，同时也是 2011 年电气和电子工程师协会太阳能电池表面金属化专题会议的主席，拥有 21 项美国专利，发表了 50 多篇太阳能电池表面金属化的国际论文，是太阳能银浆领域的国际知名专家。

2011 年，天通控股股东与李志勇博士和穆罕默德博士签下了太阳能电池电极涂料技术的合作项目。在欧美生活了 20 多年的穆罕默德·西拉理博士放弃了多个在美国与德国的工作机会，在他年富力强的最好时光来华工作，全面负责太阳能电池转换效率的提升和太阳能电池正银电极浆料的国产化攻关。

在穆罕默德的带领下，研发团队仅用了两年多时间就在中国独

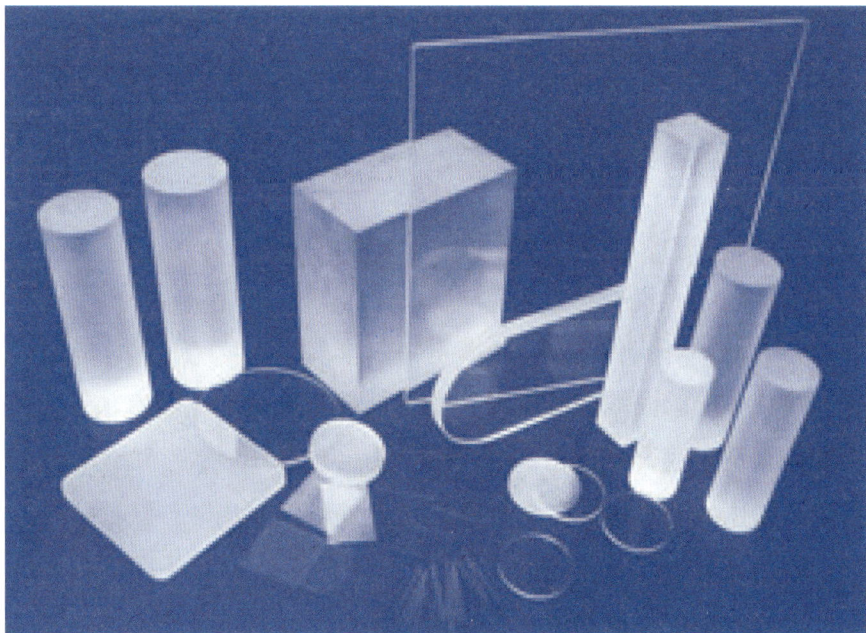

天通控股蓝宝石产品

立开发出具有自主知识产权的正银浆料，完成了产品的中试与批量生产，为中国正银浆料的国产化迈出了坚实的一步，为中国填补了太阳能产业链条上的一大空白。正银产品先后通过了英利、保利协鑫和夏普的认证，产品性能已赶上进口产品的水平，该公司还申请了 6 项发明专利。

目前凯盈新材料的正银项目获得了 2011 年嘉兴市"创新嘉兴·精英引领"领军人才项目 A 类。李志勇博士和穆罕默德博士 2012 年双双入选浙江省"千人计划"，李志勇博士 2016 年入选国家"千人计划"。穆罕默德博士先后荣获西湖友谊奖和中国政府友谊奖，也是正银领域的中国首批首席外国专家，2014 年至今受到李克强总理的两次亲切接见。

截至目前，天通已先后投资引进了"博创科技"朱伟博士、丁勇博士创业团队、"昱能科技"凌志敏博士、罗宇浩博士创业团队、"宏电科技""博为科技"等一批海内外创业创新团队，这些创业创新团队所在公司均先后成为高新技术创业企业。

500 亿市值的天通矩阵

"十三五"期间，天通发展目标是通过创新与产品精准定位，成为全球领先的高端电子材料、电子部品制造企业和国内领先的智能装备制造企业，打造超 500 亿元市值上市公司，再造 5 个新天通。为达到此项战略目标，公司计划实施发展创新、人才创新、科技创新、绿色创新和品牌创新五大工程。

而要实现这个目标，光靠天通一家企业，是远远不够的，还需要在上下游进一步扩展，支持更多高层次人才创办自己的企业并形成一个完整的生态系统，让这些企业能够发展壮大并上市，才能够实现目标。

天通对创业企业的帮助、扶持与投资一般有几个特点：一、服务前移，帮助创业团队申报项目，争取政府支持；二、全程服务，帮助创业团队做好科技项目管理，使创业公司一开始便以上市公司的标准启动；三、资源共享，协助创业企业成长，形成生态圈。

在创业初期，天通利用其在环境熟悉、人员熟悉、政策熟悉、流程熟悉方面的有利条件，协助新公司成立时可研、环评、能评、知识产权评估、公司注册等手续办理，提高工作效率，加快公司成立进度。在后续日常经营活动中，针对其产品、技术等特点，"指导、协调、服务"各创业企业申报高新技术企业、新产品、专利及科技、经信、商务等从中央到省、地方政府线上的项目申报、实施和验收，争取政府资金扶持。

何茂平为哈尔滨工业大学的硕士，毕业后先后在国有企业和外资企业担任中高层研发管理工作，有着丰富的经营管理经验和市场资源，其创业团队手中掌握的"10G/40G高速智能光终端研发及产业化"技术引起了天通的注意。

经多年的联系努力争取，何茂平团队2014年来到嘉兴，天通联合嘉兴兴科投资和南湖新创风投公司等与何茂平团队一起组建了博为科技有限公司（以下简称"博为公司"），博为公司致力于开发、生产和销售世界主要国家实施其宽带战略所需要的下一代高速互联网宽带光通信终端产品，并在这些产品上开发家庭互联网宽带接入和各行业企业光局域网建设所需的智能业务应用。

在博为公司成立时，天通帮助其制定了省级新产品试制计划、区市一级科技计划并助其完成专利申报、高新企业认定准备等工作。经前期策划，博为公司的项目紧锣密鼓地启动起来，该公司2014年成为嘉兴市"创新嘉兴·精英引领"领军人才 A 类项目。

在产品的生产和销售上，因有天通精电制造平台的支撑，博为仅用一年时间就投产并达成 1500 余万元销售额，2016 年营收达到 3500 余万元，同比增长 130%。博为至今已取得专利授权 15 项，软件著作权 2 项，已获得国家高新技术企业以及嘉兴市高新技术企业研发中心认定。

目前，博为公司所研发的全光政企网系列产品已处于行业领先地位，分离式虚拟光终端则突破性地解决了 FTTH 光纤宽带接入问题，同时推出了业界首款支持 SynE 的移动基站回传用终端产品。国际市场上该公司已与美国主要客户建立合作关系，国内市场公司已成功地成为中国电信供应商并入选烽火通信合格供应商。

据介绍，在天通选择投资创业团队时，除了考虑技术的国际先进性和国内外市场潜力以外，创业团队还必须要与公司三大产业有紧密的关联性。比如昱能科技、博为科技、集英工业都是以重研发、重市场轻制造的"微笑曲线"经营模式的企业，其制造就分别依托拥有强大电子制造服务能力的天通精电和拥有专用装备制造能力的天通吉成等天通的全资子公司来保障完成，让创业团队扬长避短，在经营中从繁重的制造管理中解放出来，集中精力搞研发，同时又能给公司产业平台增加业务量实现双赢。

10 年来，天通站在全球化的角度，以国际化的视野，来吸纳引进符合公司产业发展战略导向的创业团队；在搭建平台的过程中，参股而不控股，让海外创业团队成为第一大股东，激发人才原创力；天通不派驻高管参与管理，促进创业团队自主经营；发挥公司在市场、制造和管理等资源上的优势，帮助创业企业快速成长；

用足政府支持政策，营造良好创新氛围，为创业团队提供全方位指导、协调和服务，促进创业公司健康发展。

潘建清表示，天通将围绕信息经济，重点发展电子材料、电子部品产业和智能装备产业，利用产业基金等新型资本平台，加强国内外投资并购，加大培育与天通业务有契合点的高技术企业，构建电子信息产业生态圈，走"军民融合"发展的道路，让各相关产业成为行业标杆企业。

第十一篇

斯达股份：十年磨一剑

智 强 武 鹏

"我冒昧建议，如有可能工信部有关司局的同志可抽空去斯达考察一下，了解一下高端'三基'或'四基'是如何攻关、发展与产业化的，我们如何能进一步帮助这样的企业，在经过十年夯实的基础上，很快扩大生产能力、扩大斯达在国内外市场的占有率。"

这是原机械工业部副部长沈烈初在 2017 年 5 月 1 日致信工信部部长苗圩时提出的建议。

5 月 12 日，苗圩部长对沈烈初的来信予以批示，并请工信部电子信息司司长刁石京调研，与沈烈初交流讨论。

斯达公司做了什么事惊动了沈烈初？苗圩又为什么如此重视沈烈初提出的建议？这背后的缘由是什么？为了找到这些问题的答案，记者于 2017 年 7 月走访了嘉兴斯达半导体股份有限公司。

IGBT 的 10 年研发路

斯达的全称为嘉兴斯达半导体股份有限公司，是一家专业从事功率半导体元器件尤其是绝缘栅双极型晶体管（Insulated Gate Bipolar Transistor，以下简称 IGBT）模块研发、生产和销售服务的公司，由美国麻省理工学院材料科学博士、归国留学生沈华（入选我国第三批"千人计划"）于 2005 年 4 月创办，沈华现任斯达公司董事长兼总经理。斯达总部设在嘉兴，目前在浙江、上海和欧洲设有子公司。

十年磨一剑。2005 年，斯达从零做起，到了 2016 年，斯达的 IGBT 芯片和器件销售额已达 4 亿元人民币，并出口欧洲，其中不乏像西门子、ABB 这样的大客户。据著名国际咨询公司埃士信（Information Handling Services，简称 IHS）发布的数据显示，在全球同行业市场占有率排行榜上，斯达居于第 11 位；在中国排在第 5 位，前 4 位是英飞凌、三菱、富士和塞米控（Semikron），市场占有率分别是 23.4%、18.0%、15.6% 和 11.8%。从这个排名看，斯达现在还不算大，但它已是目前国内最大的 IGBT 模块生产厂家，其市场份额正在不断扩大。

作为电力电子元器件中最具先进性的一种产品，IGBT 是能源变换与传输的核心器件，俗称电力电子装置的"CPU"，是弱电与强电结合、软件与硬件匹配的军民两用关键基础零部件，从发电到电力输送再到用户端电力的高效精密使用都离不开 IGBT。作为国家战略性新兴产业，是国家节能减排、产业升级、建设绿色和谐社会的战略性核心产品，在电机控制、新能源汽车、轨道交通、智能电网、航空航天、新能源装备乃至白色家电等领域应用极广。"没有它智能化的装备不可能实现。"沈烈初说。

通俗地说，斯达生产的 IGBT 就是电力电子装置的"CPU"。正是因为 IGBT 的这种重要性和沈华博士的创业精神感动了沈烈初，才有了本文开篇我们提到的沈烈初致信苗圩的故事。

IGBT 又是一个"烧钱"行业，是一个技术密集、资金密集、多学科融合交叉的带有风险性的行业，沈烈初见证并参与了政府促进我国电力电子器件研发及产业化的艰难历程。据沈烈初介绍，"2006 年 11 月，浙江大学汪槱生院士牵头组织国内相关专业院士、专家向时任国务院副总理曾培炎呈递了一份《关于开展电力电子应用关键技术》建议书。同年 12 月，曾培炎副总理做出重要批示，在国家发改委、科技部、工信部、财政部、国家能源局等政府部门

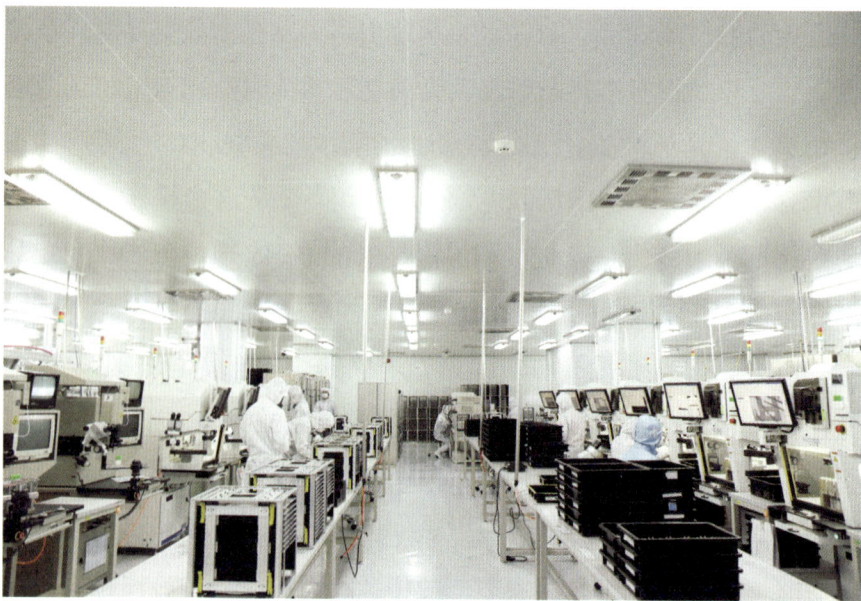

斯达股份生产车间

大力支持下，在真正意义上讲，我们第一次开始有组织地推进电力电子技术创新。"10 年来，"作为电力电子重要组成部分，场控电力电子器件（MOSFET、FRD、IGBT）虽然有了进一步发展，但国内市场占有率还比较低，与国际水平差距很大，产业化规模甚小。"沈烈初说。后来又组织了 8 名院士，13 名专家、教授联名于 2013 年 9 月 28 日向李克强总理提出"重点发展电力电子技术与产业化建议"。在国务院领导的支持下，这几年发展改革委、科技部、工信部、财政部、国家能源局以不同的重大专项方式，对电子电力有关的产学研单位给予了资金支持，产业化速度有了进一步提高。斯达"在国家的帮助下交出了一份亮丽的答案"。沈烈初说。受沈华博士邀请，沈烈初于 2017 年 3 月 22 日至 24 日亲自去了斯达进行学习和考察。

斯达是生产功率半导体元器件尤其是 IGBT 的企业。它虽然在自己从事的领域做到了国内老大的地位，但因其产品都要应用于其他终端产品上，所以，斯达并不为消费者或公众所周知，可谓隐形冠军。只不过在沈烈初看来，这个隐形冠军和同业国际大鳄相比还太小，需要政府出手助推其更加快速发展。当然，沈华博士虽在市场中已搏击 10 年，他也期待政府能够为企业提供一个更好的发展环境和条件。

斯达模式

怎样才能够成就一个隐形冠军？当然，成就一个隐形冠军有很多原因，但隐形冠军的提出者、德国的赫尔曼·西蒙教授认为，一个隐形冠军首先要在某一领域长期坚持研发、创新并居于领先地位，还有就是要拓展全球市场。西蒙说，这是成就一个隐形冠军的两根支柱。但这样抽象概括出来的一般方法，具体到每一个隐形冠军企业，标准还是大不一样。斯达就有自己独特的发展路径，或者说模式。

通过对斯达的考察和采访，笔者发现斯达越来越向世界研发—中国消化制造—再回到世界销售（World-China-World）模式发展，这个模式可以简称为 W-C-W 模式。

据沈烈初回忆，1992 年，他在国务院机电产品出口办公室担任负责人时就提出了这个模式。不过当时的两头在外，对于很多中国制造企业而言，研发和市场并不掌握在自己的手中，仅仅是加工组装而已。

无独有偶，也正是在 1992 年，台湾企业家施振荣为"再造宏碁"提出了有名的微笑曲线（Smiling Curve）理论。这条曲线告诉人们，高附加值在微笑曲线的两端，不在制造环节。

在微笑曲线理论的启发下，很多两头在外的制造企业开始向附加值高的研发设计和品牌服务（市场）延伸。但怎么延伸、技术和市场如何获得，不同的企业还是有不同的做法。

斯达的延伸策略从一开始就是不放弃技术和市场的主动权。沈华博士的研发团队首先突破封装技术，然后向两头延伸。一头向有自主知识产权的芯片设计制造延伸，另一头是向智能率定制化模块（Intelligent Power Module，简称 IPM）、集成化应用延伸。这样的延伸，在斯达的实践中我们还看到了"以外促内"的效果。

沈烈初感觉，斯达的模式是"先解决生存问题，再解决发展问题"。斯达的实践的确是先进口 ABB、英飞凌等芯片，封装后向国内外市场供应，使用户熟知斯达品牌。然后，再开发有自主知识产

权的芯片，国内外两
种芯片封装后同时投
放到市场，使用户有
一个鲜明的比较。从
性价比来看，斯达的
产品显然有竞争优势。
"这种研发策略是成功
的。"沈烈初肯定地说。

斯达股份产品

沈华博士曾经在
国外长期做研发及技术转化工作，他深知，要想与国际电力电子巨
头同台竞技，必须加速推进斯达的集团化及国际化进程。2014 年
5 月，斯达成立欧洲公司，总部设在瑞士，并在德国纽伦堡设立研
发中心。斯达欧洲公司总裁彼特·弗雷（Peter Frey）于 1991 年加
入全球功率半导体巨头赛米控（Semikron），相继担任过首席营运
官、赛米控全球销售总裁及董事会成员等职务，负责赛米控集团的
生产、技术和销售，2014 年加入斯达。斯达欧洲研发中心主任克
里斯汀·克罗内德（Christian Kroneder）在 IGBT 领域有着 19 年的
丰富经验。在 2014 年加入斯达欧洲公司前，其担任赛米控公司研
发部主管，主要负责 IGBT、碳化硅、整流模块等产品的研发和技
术转让。斯达欧洲公司及研发中心的成立，不仅仅使得当地的客户
能享受到及时高质量的服务，而且也引领斯达集团在某些技术领域
的创新性研发，进一步提升了斯达的整体技术水平。

斯达在全球拥有完善的营销网络，采用直销和分销相结合、以
直销为主的销售模式。通过在上海、北京、深圳、济南、青岛、成
都、武汉、南京、嘉兴和欧洲的公司进行产品销售，以确保服务质

量，更好地满足客户和市场的需求。一段时间以来，斯达也在探索一些新的营销模式，以顺应"互联网+"时代客户的个性化及多样化需求。

斯达特别注重大客户的开发和培养，现在已经初步建立了一个拥有国内外著名企业的大客户群。例如，深圳汇川、英威腾、荣信、上海电驱动、奇瑞及世界著名企业西门子、ABB等。

"这种销售（即市场）和研发两头在外的模式，对我国发展高技术企业来说也是一种不可或缺的模式。"沈烈初说。

刁石京在苗圩部长批示沈烈初同志来信的交流座谈会上说："我会安排时间，一定抽出空来去斯达参观考察一下，从各方面听说斯达近几年发展得不错，斯达的经验值得我们关注和重视。"

斯达的未来

"我们希望能把公司做成中国第一（占中国市场50%的份额），世界第二名。"沈华博士在面对斯达未来的提问时如是说。

斯达现在在全球排名第11位，沈华博士有希望实现他的目标吗？

"斯达经过10年的努力，在硅基IGBT的研发、生产、销售模式上已打下良好的基础，可以进入一个快速发展期。"沈烈初对斯达考察后得出这样的结论。

沈华博士接受我们采访时说，他正在筹集资金，以扩大公司的产能。沈华博士近三四年的目标是：到2020年，销售额从2016年的4亿元增长到10亿元左右。在技术上，斯达将更加缩小与国外一流企业的差距，并成为国内IGBT产业的引领者。

斯达的未来将以功率半导体为主，建立芯片与模块两大事业部，向汽车电子、消费电子、医疗电子、绿色电子（光伏、风力发电）、军事及航空航天等领域发展。

要实现这些目标，斯达公司还要做出更多的努力。沈华博士透露，斯达有上市的想法。他想在资本市场直接融资。

当笔者问及上市融来资金后用于何处时，沈华博士回答说："我们需要并购一些企业。"斯达芯片制造目前还是采用代工模式。对于斯达而言这有很多好处，但这种方式也影响了某些新技术的开发。所以，沈华博士说，斯达很可能去并购芯片制造企业。

展望未来，沈华博士说，斯达将继续坚持"品质成就梦想，创新引领未来"的企业价值观，秉承"为客户创造更大价值，为人类创造美好生活"的使命，致力于成为全球领先的电力电子器件研发及制造商，以及电力电子创新解决方案提供商。

第十二篇
闻泰科技：成就手机品牌的隐形冠军

智 强 武 鹏

2016年，全球手机出货量为14.7亿部，其中由原始设计厂商出货5.2亿部，占全球手机出货量近40%，而这些原始设计厂商全部来自中国。这是市场调研机构赛诺发布《2017手机原始设计商（ODM）市场研究报告》披露的数据。赛诺的报告显示，来自中国的闻泰、华勤、龙旗、与德、天珑是全球排名前5名的原始设计厂商，其中闻泰出货量达6550万部，远高于其他公司，成为全球最大的手机原始设计厂商。

高级分析师李怀斌说，排名第一的闻泰，其中小米项目出货达到1790万部，同比增幅超过80%。华为项目出货也同步增长，预计2017年闻泰智能机出货将超过7500万部。

手机对人的影响尽人皆知，手机的几大品牌人们也都耳熟能详，但成就这些品牌的原始设计厂商却鲜为人知。怀着对原始设计企业的敬意，记者于今年7—8月间两次走访了手机原始设计企业老大——地处嘉兴的闻泰通讯股份有限公司（以下简称"闻泰"）。

从独立第三方设计公司转型为原始设计商

"我们闻泰是 2006 年成立的，最初我们在上海，有一个三四十人的研发团队，专做手机研发。我们的方案设计出来后，委托外面代工厂生产 PCBA 主板，然后客户再组装成手机，这在手机产业被称作 IDH，即第三方手机设计公司。"闻泰副董事长肖学兵说，"起初我们并不是原始设计公司。"

闻泰董事长张学政当年就是这样带着一个年轻的研发团队在上海开始了创业历程。"凭借着和展讯（芯片公司）联合研发单芯片的双卡双待这项技术，我们只用了一年时间就迅速发展成为中国最大的方案设计公司。"闻泰总裁助理邓安明说，"当时，中国方案公

司有四五百家，其中不乏在美国纳斯达克、新加坡、香港地区上市的公司，实力规模都比我们要大很多，但是，我们就凭借这个创新技术一下就超过了他们。"

一战成名后，闻泰并没有继续做方案设计。他们发现，不生产整机，单纯做方案设计，无法把控手机整机的质量。"虽然我们把方案设计得非常好，但因没有介入到生产环节，手机物料的选择跟设计的参数不一致，或者生产环节有一些与之前的设想不一致，都会导致最终产品的质量、流畅程度没有方案设计的那样好。"邓安明说。

于是，张学政决定转型，闻泰也就开始了从设计向制造整合的转型之路。"这个转型我们叫 ODM，就是从设计到生产一条龙。"肖学兵说，"嘉兴离上海比较近，当时我们老板找到了嘉兴南湖，这边对我们也非常支持，那时我们企业还很小，但嘉兴给我们留了两百亩的地。"闻泰嘉兴生产基地的建成是转型的关键一步。虽然涉入了制造领域，但张学政立志不做技术含量低、劳动密集型的加工厂。他心中的目标是要将闻泰嘉兴生产基地打造成为全球领先的手机原始设计行业模范工厂。

"闻泰嘉兴生产基地一期工程 2007 年开工，2008 年建成投产，二期工程 2013 年建成，总共占地 200 亩，建筑面积 20 万平方米。办公大楼后面有 12 栋厂房，还有一个生活区。"肖学兵说。闻泰嘉兴生产基地现设手机主板、整机和配件三个事业部，员工共有1.2 万人。

嘉兴生产基地的建成意味着闻泰已经转型为原始设计公司。"此时，我们赶上了一个很好的机遇，就是政府开始推行时分同步码分多址技术（Time Division-Synchronous Code Division Multiple Access，简称 TDSCDMA）。TDSCDMA 是中国提出的第三代移动通信标准，简称 3G。"邓安明说，"当时，工信部牵头组织一些手机方案设计公司和原始设计公司成立了一个 TDSCDMA 产业联盟，闻泰是第一批成员单位，负责提供 TDSCDMA 的方案设计和整机生产。那时，中国移动每个季度都会进行招标，每次招标都有 10—12 款，其中都会有两三款由闻泰设计制造，但是客户各不一样，有华为、海尔、海信、长虹、波导等，中国稍微知名一点的品牌我们都有合作。"与此同时，闻泰的芯片合作公司也由展讯转到台湾地区的联发科（MTK）。

此前，闻泰合作的客户比较低端，但在推进 TDSCDMA 过程中，闻泰迅速进入了一线品牌客户阵营，研发能力得以全面提升，管理体系也逐步规范起来。

到了 2012 年，闻泰的客户已经有 100 多个，项目每年有 200 多个。但闻泰的决策团队却认为，"机海战术已经行不通，必须走精品化路线。未来很多品牌可能都会被淘汰，我们必须要选择目前市场上最有潜力的客户进行合作，为他们打造畅销产品，而不是说所有品牌都合作。"这又是一次重要的战略转型。为此，闻泰砍掉了 90% 的客户，只做全球前 20 名，为他们打造重量级的旗舰产品，如小米红米系列、华为畅享 6/6S、联想乐檬 K 系列、魅族魅蓝 Note 和 E 系列等都是与闻泰合作的成功案例。

在精品战略的实施过程中，闻泰也发展成为以嘉兴为总部，包括上海和西安两个研发中心、深圳运营中心和嘉兴制造中心，共有 1.3 万多人的全球最大手机原始设计公司。2016 年，公司年产值 127 亿元。2017 年，闻泰智能机出货将超过 7500 万部，产值目标是 180 亿元，利润也将大幅提高。

竞争优势

根据 IHS 数据，智能机市场的出货量开始集中在前十大品牌。由于欧珀（OPPO）、vivo 和金立智能机项目全部自研，原始设计公司智能机出货主要集中在华为、联想、小米和魅族等客户的委外订单。这使得原始设计公司的竞争也愈加激烈。闻泰之所以能够在竞争中胜出，正是因为它有不同于竞争者的竞争优势。

10 年来，闻泰在研发、供应链、生产制造等方面打造出了强大的竞争能力，这是闻泰成功的关键。笔者在问及闻泰 2016 年 127 亿元收入构成时，邓安明回答道："这 127 亿共由四个部分构成，包括研发收入、设计提成、加工费，另外还有为客户采购物料收取的费用。"从邓安明的回答中我们可以看出，闻泰在研发设计、生产制造、供应链管理以及资金保障等方面具有超强实力。

肖学兵认为，研发是闻泰成功的主要因素之一。闻泰专门设有上海和西安两个研发中心，同时嘉兴制造中心还做制造方面的研发，深圳分公司也做一部分研发。现在，整个闻泰集团拥有一个 2000 多人的研发团队。肖学兵说："我们公司特别重视研发，每年都投入 4 个多亿的研发费用。公司现已获得 500 多项专利，而且主要是发明专利。"

2017 年，华为畅享 6/6S 系列、荣耀畅玩 6A 系列迭代机型、红米迭代机型、魅蓝 NOTE 和 E 系列迭代机型、联想 K 系列迭代机型、MOTO G/C 系列迭代机型、中国移动 A/N 系列迭代机型以及华硕、360、保千里部分机型都选择由闻泰操刀研发，而 LG 国际品牌也纷纷在与闻泰商讨合作的可能性。显然，研发能力是闻泰成功的首要因素。

手机原始设计订单量的不断集中和增大，必然要求原始设计公司要有持续稳定的供货能力，同时要保证产品品质。这就要求原始设计公司具有强大的制造能力作为支撑，闻泰嘉兴制造基地正是起到了这种支撑作用。张学政早年就意识到了打造嘉兴制造基地的重要性，因此，他不惜投入重金，截至2017年年底，共投入资金10余亿元。闻泰嘉兴南湖工厂现已同时拥有模具、注塑、喷涂能力，并且闻泰的贴片、组装产线也是国内电子制造服务工厂里面自动化程度最高的。目前，这在同行业的手机原始设计工厂也是只此一家。

嘉兴南湖工厂从制造实力方面显示了闻泰超强持续稳定的供货能力。闻泰的嘉兴南湖工厂不仅是小米、华为、联想、魅族、华硕、中国移动、TCL等客户的认证合格工厂，同时通过全球各大运营商的认证，成为为世界顶级的品牌商和运营商供货的工厂之一。

最近，张学政表示，在完成嘉兴南湖工厂智能制造升级后，闻泰还将在嘉兴大幅扩大研发团队规模，建设总部研发中心和前沿实验室，进一步提高智能制造水平和自动化程度，将研发设计能力和智能制造水平上一个大台阶，打造长三角智能制造中心。

闻泰的供应链竞争力也高于同类公司。"闻泰有不同的客户，也为客户做了很多不同的事情，但是，大多数客户的机型都比较接近于一个价格，这就保证大部分器件是可以共用的，可以产生规模效应。例如，不同的手机虽然外观、芯片不一样，但却可以用同样规格的屏幕。这样我们的采购量就更大一些，进而议价能力就比较强。相比较而言，我们比同行业的竞争对手有15%的价格优势。"

邓安明说。另外，上游原材料经常会出现涨价缺货的情况，但是，闻泰的订单一直非常稳定，而且逐年增加，所以，这就保证了闻泰所需要的原材料能够得到优先保障。2016 年，液晶显示屏涨价对于手机原始设计公司的供应链和议价能力就是非常大的考验，没有足够的出货量以及大客户支撑，在液晶显示屏供应和议价能力上都会受到明显的制约。由于有供应链方面的优势，大客户也希望和大的原始设计公司合作，降低项目风险和成本。所以，闻泰为客户购买物料的比例也在逐年上升，现在已经从过去的 20% 增加到 30% 以上。

闻泰一直非常强调的工作原则是质量、进度、成本和交付。邓安明说："我们所有的工作、所有的考核都必须围绕研发、质量、成本和交付来完成。"

从这些情况看，闻泰在品牌客户资源、出货量、生产能力、产业链布局等方面，相比同行的竞争者都具有领先优势。

布局未来

当我们问及闻泰的未来时，闻泰的所有被访者都不约而同地指向虚拟现实技术、车联网、笔记本电脑。闻泰人认为，这是企业又一次重要的转型，是一次面向未来的转型。但是，在这场转型中，他们说这并不是脱离了自己的核心竞争力，他们要做的依然是这几个领域的原始设计公司。他们认为，这不是跨界，因为手机技术和这些领域是相通的。

"我们现在 80% 的芯片平台用的是高通平台，20% 用的是联发科的平台。闻泰是高通最大的定点生产客户，闻泰和高通签订了战略合作协议，高通全力支持我们在手机、虚拟现实技术、车联网、笔记本电脑方面领域的发展。"邓安明说。

　　闻泰基于高通骁龙芯片平台研发的手机、虚拟现实一体式头显、增强现实智能眼镜、T-BOX 车机系统、嵌入式智能电动汽车计算单元、笔记本电脑、服务器已经大批量出货或正在研发当中。

　　目前虚拟现实技术产品生产线已经开始投产。在记者采访时，闻泰的一位负责企划的人员还为我们展示了他们刚刚生产出来的虚拟现实技术产品。关于车联网，据肖学兵透露，闻泰将于半年后出产品。笔记本电脑要一年以后出产品。汽车电子和笔记本电脑生产线正在紧张规划和筹备中，预计今年内完成投产。

闻泰通讯厂区鸟瞰

　　说到笔记本电脑，肖学兵和邓安明都认为，他们开发的新产品是对笔记本电脑的颠覆。邓安明分析说，笔记本电脑从出现到现在一直都没什么大的变化，每年也就是把硬件和系统升一下级。但是，从手机来看，竞争就非常激烈，每年都有新的技术出来，例如，指纹识别、纳米技术、双摄技术、三维立体等。我们用手机平台做笔记本，会使笔记本更加轻薄、功耗更低、待机时间更长。从价格来说，成本优势也更加明显、更加便宜。在用户体验方面，我们也会融入很多手机方面的创新技术，这样每年就都会有新的卖点。

　　现在，一些做笔记本的公司正在寻求与闻泰的合作。邓安明认为，闻泰现在是继联想、惠普和戴尔之后，全球第四个做高通平台笔记本的公司。不过，他们做的依然是笔记本的原始设计公司。闻泰的想法是把手机技术应用到笔记本之中，包括芯片、内存都要用手机的，做基于手机技术的笔记本电脑，把手机、平板、笔记本融合在一起。

　　这个转型需要建设一个强大的制造基地，闻泰计划在3年内，将嘉兴闻泰智能制造基地打造成长三角最大的手机、虚拟现实技术产品、汽车电子和笔记本电脑生产中心。

　　为了集聚资本力量实现新的目标，闻泰在企业组织方面做了重大变革。通过两次资本运作，闻泰通讯现已成为上市公司闻泰科技的全资子公司，所有业务悉数置入，等于重组上市。在公告中，未来的闻泰科技将把闻泰通讯的产业作为主营业务，围绕闻泰进行资本和产业布局。

　　与资本对接后，围绕手机、车联网、虚拟现实技术、智能硬件，闻泰正在产业链上下游展开大规模收购和重组，希望打造"智

能硬件 + 互联网生态"的大平台。在虚拟现实领域，闻泰出资 500 万元设立了深圳市虚拟小魅科技有限公司，专注于虚拟现实相关业务，开启智能硬件和游戏类产品的新业务方向。同时，闻泰科技拟出资 1500 万美元认购以色列知名手势识别高科技企业 EyeSight 新增股份，为闻泰虚拟现实相关产品的研发提供技术支撑。在车联网领域，先是闻泰子公司出资 300 万元与车联天下共同成立上海联天科技有限公司，切入智能汽车及车联网市场；后来闻泰科技干脆直接向车联天下增资 5000 万元，获得 14.92% 股权。

现在的闻泰科技已经不仅是手机、虚拟现实、车联网、智能硬件等产品的研发制造商，更是一个移动智能终端及物联网（NB-IoT）产业平台和管道。以智能终端及物联网产业平台为产业基础，以上市公司为平台，闻泰正在构建庞大的物联网千亿级产业生态链。

第十三篇

汉朔科技：物联网浪潮中的"实践派"

陈　曦

　　在北京一家物美超市的红酒专区，一位顾客正在用手机扫描电子价签二维码，"滴"的一声之后，他便可在手机上查看葡萄酒基本信息、产品特点以及关于葡萄酒的相关小常识等，并且还可一并了解最新的促销信息，这样，顾客在挑选商品的时候心里就有谱了。

　　顾客王先生对于电子价签的作用这样评价："还是很有帮助的，对于不太懂红酒的人来说，看了这些信息之后多少就知道一些红酒的知识，也知道怎么对比选择了。"

　　这样的电子价签在中国的很多超市、卖场都能见到，它极有可能就是汉朔科技的产品。

物联网落地先锋

1999 年，美国麻省理工学院教授凯文·阿仕顿（Kevin

Ashton）首次提出物联网的概念。麻省理工建立了"自动识别中心（Auto-ID）"，提出"万物皆可通过网络互联"，阐明了物联网的基本含义。

物联网一诞生便自带光环：被称为下一个万亿元级的超级产业、第三次科技浪潮、战略性新兴产业、新的经济增长点等。

然而，18年过去了，物联网似乎还是概念，在实际应用中并没有取得很大的突破。很多自称为物联网行业的企业，更多的是想在这场概念盛宴中分一杯羹，而非真正地扎根实业。

但互联网却极大程度地改变了零售店铺，当前"线上流量平台＋线下零售门店"几乎成了零售行业里玩家们的标配，线下与线上企业打破自我封闭与各自为营的状态，走向你中有我，我中有你的融合地带。也正是在这样的发展趋势下，零售行业的运营手段

和硬件也在不断地提升，工作流程上，从传统的手工核对操作逐步向自动化、无人化转变；门店硬件方面，从传统 POS 收银到电子收银和云 POS，从传统的条码秤到 PC 秤再到自助秤，从人工记录到使用移动终端记录管理，每个环节的提升都给零售业带来了新的变化。

2009 年，侯世国任职于一家科技企业，担任中层干部。他听到国内很多零售行业的朋友抱怨：各式各样的在线购物平台，对商场、超市构成了极大的冲击。从这些抱怨声中，侯世国听到了商机：用科技改变传统零售行业，使之焕发新的生机。随后，通过对接客户需求，他发现电子价签这个在国外已经比较成熟的产品，可以满足当下零售商转型升级的需求。

侯世国开始了自己的创业历程，2012 年成立了浙江汉朔电子科技股份有限公司（以下简称"汉朔科技"），初期产品定位为电子价签。

电子价签不仅承载了传统纸质价签显示商品品名和价格的能力，还为商家和消费者之间构建了一个互动平台。电子价签在卖场应用是零售业一个全新的体验和变革，优化提升了店内形象、运营效率、成本管理、用户体验等多个方面，帮助门店焕发新的活力。

汉朔科技副总经理张力举例："从最基础的应用上来说，比如今天要从 1 万种商品里改变 300 个价签，常规流程是首先申请变价，晚上 10 点闭店后逐一找到这 300 个商品，然后打印价签，再裁剪，再整个商场去找对应商品更换价签。而如果使用电子价签，只需要在关店之后在系统里将 300 个新价格导入，确认无误以后，点击回车就行了，耗费一个人力就能快速、准确地搞定，不需要任何耗材，节省了人力成本。也不要大量人工通宵熬夜去更换，提高了工作效率的同时还提升了员工的幸福指数。并且，电子价签准确率极高，完全电脑操作，只存在更新失败，不存在更新错误。"

电子价签系统由"电子标签、基站、软件、手持移动终端"组成，总部工作人员可通过后台软件对商品进行变价，卖场工作人员也可根据当天的具体情况，通过手持终端对价签进行灵活调整，实现了线下零售企业商品销售的智能化。电子价签的应用省去了每次价格变动员工更换纸质价签的大量人力与物力的成本，且信息系统里价格传递的准确率达到100%，出错率几乎是零，避免了因商品价格问题产生投诉而造成不必要的赔偿。

另外，电子价签系统使得每一次变价都有数据存根，零售商可以准确了解商品在各个环节的售价情况，再结合相关销售数据进行分析，从而有利于制定更有针对性的价格策略。

简而言之，电子标签的应用，让零售业管理更加高效。以汉朔科技的落地项目之一盒马鲜生为例。盒马鲜生由阿里集团投资，主营生鲜商品和餐饮服务，线下线上同时经营。线下门店承载的功能较传统零售门店进一步增加，集"生鲜超市＋餐饮体验＋线上业务仓储配送"为一体。门店中100%的商品都使用汉朔电子价签，同步显示线上线下商品信息，保障门店与手机客户端商品价格、促销等线下线上实时同步。盒马鲜生线上订单配送范围为体验店周围5公里内，通过门店自动化物流设备保证门店分拣效率，最终保证顾客通过APP下单后5公里内30分钟送达。

从上述各种优势中我们不难看出，在这个智能化不断深化的时代，电子价签正是物联网落地的一处踏板，既坚实又触手可及。"在产业调研时，我们发现，物联网是一个很热的产业，但是真正落地的太少。在所有的物联网项目中，电子标签是最现实、最能推广出去的。从技术成熟度、客户需求度、资金量来看，这是最现实的项目。"侯世国说。

打通线上线下，助力零售升级

"我们通过电子价签这一'入口'，来收集消费者的消费习惯、兴趣和爱好等数据，把线下的顾客信息导入到线上平台，最后再服务于商场超市。"这句话道明了侯世国的雄心，电子价签只是侯世国"反向O2O"（Online To Offline，线上到线下）的切入点。他认为，这个切入点将是改变传统零售行业的"引爆点"。

现在，人们常说的O2O商业模式指的是从线上到线下，在线上寻找消费者，再将他们引入实体店，实现线上购买、线下服务。而汉朔科技开启的"反向O2O"模式，则是从线下搜集客户信息，并将这些信息输送至线上进行数据分析，进而为商场、超市服务。

电子价签，就是搜集客户信息的一座桥梁。

汉朔科技大数据部副总经理陈骏介绍："利用大数据分析，可以知道顾客在哪个产品前停留、停留多久，可以记录商品信息、用户信息和交易行为，从而精准描绘消费者的行为画像。"

目前，商家客户信息的采集，还仅仅停留在填写表格式的初级阶段，最常见的方式无非是通过会员表格里的个人基本信息，推测客户的购买意向。很多顾客并不会认真填写，这样收集到的顾客信息也就失去了可信度，基于这些信息而得出的市场分析的准确度有待加强。

只有消费者实际产生的购买行为才是最准确的信息，汉朔科技的"反向O2O"，便是通过电子标签收集客户的消费意向信息。比如，某个产品的价签被客户扫描了很多次，但是其中真实购买的数量却不高，这可能说明产品外观吸引人，但是客户认为其性价比不够高，又或某个产品标签很少被客户扫描，则门店考虑更换陈列方式或增加促销优惠。电子价签在收集用户消费意向信息时，扮演的是商家收集数据的入口，直接与消费者产生互动，并将最真实、准确的信息反馈给门店。

侯世国表示，汉朔科技站在商场、超市的角度，对电子价签收集的数据进行深度分析并提供决策支撑。帮助商场、超市提升用户体验，增加消费者的忠诚度，加强商场、超市对用户的凝聚力。"电子标签就像一个网页的链接，顾客只要扫一扫里面的二维码，便可跳转至链接页面，了解更多、更详细的商品相关信息。"

在电商洪水般的冲击之下，传统零售行业面临的是生存危机，

汉朔科技产品

因此转型升级是必然选择。消费模式以及需求的改变促使越来越多传统门店升级改造，也催生了众多形式的新业态门店的诞生。如何改善体验、提升效率又不失格调，成了门店科技升级的主旋律，既要与电商拼价格，又要应对日益增加的房租、人工成本压力。"相对于电商，商超的主要竞争力是蔬菜、瓜果、鱼类等生鲜类产品以及本地化的地域优势。"侯世国认为，要想发挥这一优势，更好地服务周边人群，就需要应用基于电子价签的"反向O2O"模式，"电子价签带来的不仅是运营效率的提高，我们更需要注重的是其衍生附加值。"

用电子价签玩转"反向O2O"，让汉朔科技交出了一张漂亮的成绩单：近3年来，汉朔科技产值每年都能实现200%以上的增长幅度。

从点到面提供整体解决方案

20世纪90年代初期，在欧洲、北美等一些国家就出现了电子价签，现在，欧美的电子价签技术已经十分成熟。而汉朔则更像是一支火箭，凭借优质的电子价签产品＋解决方案，由中国本土走向全球：在目前中国电子价签行业的落地项目中，汉朔科技占了95%；2017年5月，汉朔科技在电子价签起源地欧洲，与世界著名零售商欧尚集团签订了十年独家电子价签供应协议！

那么，为何汉朔电子价签受到如此青睐？

从产品上来说，汉朔科技的电子价签采用电子墨水屏，可视角度大、功耗低、自定义显示内容，且具有丰富的社交属性，能在产品与顾客、商家之间产生多样互动；系统上，汉朔采用2.4g网络并通过汉朔自主协议进行传输，电子价签与后台之间信息双向交互且安全稳定；操作上，电子价签工作系统（ESL WORKING）能轻松与门店后台进行对接，商品信息变得更迅速、准确、高效。

不过，如果仅仅是做电子价签产品提供商，在市场竞争中显然是不够的。汉朔科技对自己的定位是整体解决方案提供商，根据客户的实际需求，结合应用场景，通过整合"电子价签＋软件即服务＋硬件集成"，从商品信息、会员、订单、库存、拣配货等方面为顾客提供一体化定制方案。

作为泛零售领域全渠道解决方案领跑者，汉朔科技设计和研发了涵盖零售、物流、仓储、医药、酒店等多个领域的商业智能解决方案，其给自己未来的定位是一家数据型公司。

张力说："现在国内整个商业的应用场景越来越数据化，这些数据应该被关注、被发现、被捕捉、被采集、被分析，然后再产生新的应用，这样电子价签的价值就不仅是价格和商品信息的显示，不局限于成本和效率的提升。汉朔原来最早是做智能硬件研发的企业，现在我们既有做零售的人，又有做零售咨询的人，也有做软件开发的人。其实，我们现在不仅仅给客户提供智能硬件，还能提供全套解决方案。就像 IBM 一样，提供技术解决方案的同时还能围绕解决方案提供咨询帮助。实际上我们会围绕实际应用场景做定制式标准化的开发，确保企业在使用产品时的适配。"

首先，通过电子价签的应用帮客户实现门店信息一体化管理，实时同步线上线下商品各项信息，使门店与线上保持促销同步，线上向线下引流，且变价操作便捷、高效，大幅度降低人工成本，提升工作效率。

其次，成为客户的"顾问"为其提供陈列方案，固化门店陈列位置，总部可直接了解门店商品陈列信息、支持陈列核检、多门店陈列复制。

再次，完善门店后台建设，帮助客户实现跨平台订单获取并针对门店类型提供不同拣货方案，优化拣货路径，自动推动配送平台，打造 O2O 拣货闭环，订单拣货完成后生成报表提供数据分析。

最后，成为客户发放广告的平台。电子价签作为与消费者直接产生交互的载体，商家通过电子价签完成商品优惠券、广告、顾客评价等信息的定向投放。零售商、供应商将其电子券定向投放至电子价签，并完成发放，一人一券，按人配券，并且支持跟踪投放、领券、销券全过程，形成营销流程闭环。

汉朔科技以持续技术创新为手段，帮助客户不断创新价值为目标，始终坚持探求"人文、智能科技、利益"的平衡点，并将这一理念贯穿到整个产品方案的研发、生产、客户服务等流程，提供"电子价签＋智慧门店解决方案"的综合应用。为以欧尚、物美、酷欧培为代表的超市传统大卖场业态，盒马鲜生、永辉超级物种为例的创新业态以及其他众多业态门店提供优质服务。

目前，汉朔科技已经为全球超过 20 个国家和地区的 500 多个城市中的 3000 家门店提供电子价签产品及全渠道解决方案，国内电子价签市场覆盖率超过 95%，国内零售百强客户占有率超过 45%。

博创科技股份有限公司
BROADEX TECHNOLOGIES CO., LTD.

第十四篇

博创科技：光集成产业"黑马"

秦 伟

把美国最先进的技术和中国超强的制造能力相加，并配合日本式的精益管理，再乘以全球最充裕的资本，会产生怎样的结果？

答案在今天的博创科技股份有限公司（以下简称"博创科技"）。

这个问题 15 年前起开始在朱伟的心中思考，作为博创科技股份有限公司的董事长和总经理，这位曾经在贝尔实验室工作过 10 年的科学家正以自己的创业经历，验证着"美国技术＋中国制造＋日本管理"的非凡魔力。

凌公塘路 1 号跑出"黑马"

2000 年，千禧年。

当时的朱伟已经在全球通信界最具创造性的研发机构"贝尔实验室"潜心研究了 10 年，其间，他共获得了 46 项美国和欧洲的专利，出版了 2 本专业书籍，在各类国际期刊上发表了 65 篇专业文章，并应邀在 8 个国家作了 39 次特邀报告，早已成为世界真空微电子学科方面的权威专家。

但是，这位年轻的科学家有着更大的梦想，直觉告诉他：光通信的应用无疑是未来的大势所趋，现在的低潮正好提供了一个进入这个行业的好机会，而且机会在中国！于是，他联络了自己的大学同学丁勇，两位志同道合的创业伙伴一拍即合，旋即决定回国创业。

"2000 年的时候，经济泡沫带动了光纤通信领域的迅速发展，在那个时候，我有很多同事都离开贝尔实验室出去开公司了，那个时候光纤通信真是太火了。这种繁荣虽然只持续了两三年，但确实也带动了整个领域的科学技术进步。"回忆创业，朱伟的想法很简

单，也很务实，"随着光通信领域的低潮到来，泡沫破灭之后，我就想以后这个领域还是很有前途的，现在应该是进入的好时机，而且机会在中国！因为当时只有中国虽然受到冲击，但影响没有这么大，在那个一片黑暗的时候，中国是唯一的亮点。所以就联络了大学的同学丁勇，他是光学材料的博士，在美国也是从事这一行业的，一起回国创业。"

2002 年，朱伟开始与投资商频繁联系和接触，最终与浙江天通电子（国内第一家自然人控股上市公司）和东方通信达成合作协议，合资创办博创科技。为了促成这件事，从 2002 年 2 月份起的近 1 年时间里，朱伟在纽约和上海之间来回飞了近 10 次。

2003 年 7 月 8 日，嘉兴市凌公塘路 1 号，博创科技正式成立，同年 11 月在上海漕河泾高新技术开发区成立以研发和销售为主的分公司。

朱伟和其"合伙人"开始验证"美国技术＋中国制造＋日本管理"的非凡魔力。

博创科技成立之初，光集成技术在国内尚属空白，国外市场也受互联网泡沫破裂的打击变得很萎缩，几乎只有日本的光纤到户市场对基于集成技术制造的光分路器有需求，于是朱伟便频繁地飞赴日本寻找客户开拓市场。当时他发现，一个八通道的分路器日本人卖 110 美元，非常昂贵，他敏锐地意识到："这其实就是一个商机！"

"博创科技是国内第一家从事自主品牌平面光波导分路器研发及产业化的企业，成立以来一直致力于平面波导（PLC）集成光学技术的规模化应用。"朱伟为我们介绍，"这个名字听起来比较专业，其实，我们公司做的平面光波导集成器件，另外一个名字就是集成光学器件。你可以想象跟电子类半导体产品类似，在 40 年前也都是分立式的，电阻电容一个个尺寸都非常大。近 30 年来，集成微电子技术迅猛发展，将大量的电子元器件微型化并全部集中到一个硅芯片上，所有的功能也集成到这个芯片上，造就了如今庞大的几乎无所不包的半导体微电子市场。那么，光学元器件其实也一样，比如像分路器、衰减器、滤波器等之前一直都是分立式的，也需要走集成微型化的道路，将各种功能集中到一个芯片上，这与半导体行业发展的路径是一样的，是技术和市场发展的趋势。"

"作为国内平面光波导市场的'拓荒者'，博创科技在成立之初的市场拓展可谓困难重重。"朱伟回忆，"新技术肯定要经历这样的过程，不是技术好就有市场，就能马上获得认可，首先，性能要好，其次，价格要低。其实，新技术新产品出来之后，都要与老产品进行竞争，如果竞争价格高、性能优势不明显，都不足以赢得市场。"

2004 年 9 月，第一批出货的日子到了。博创科技上上下下的员工们在车间干了整整 24 小时没睡觉，从测试、检验到包装、贴标签。当时，朱伟感到心里真的没底，总担心会不会被客户退货。后来，每次抽测博创科技都在同类产品中名列前茅。回想起这段经历，朱伟感慨万千："如今来看，一家刚成立不久的小企业能够打入日本市场完全是一个奇迹，因为，这个市场非常保守和排外。当然，这也是现在博创科技产品质量好的原因之一，因为第一个客户是日本人，他们真正训练了我们！"

博创的产品进入日本市场，八通道分路器价格最初定在 65 美元，价格是同类日本产品的一半。日本市场成功之后，博创又打入了美国、韩国、欧洲等主要市场，全世界大的光纤到户项目，几乎都有博创的身影，其主打产品——平面光波导光功率分路器已经位居全球领先地位。

成就"黑马"的素质

2015 年 10 月 12 日，对博创科技来说是个"大"日子，博创科技股份有限公司首次公开发行股票并在创业板上市。

这匹光集成产业"黑马"一路跑来，堪称中国这一时代高科技上市公司的某种样板：创始人带着科研背景从海外归国，在某一高新科技领域耕耘多年，在中国经济腾飞的浪潮中一飞冲天。"样板"意味着大多数企业都在走同样或者类似的路径，那么，为什么博创科技得以成功将技术转化成市场效益，挺过行业的低谷期，在上升期成为行业龙头，并最后成功上市呢？

"回顾发展，博创的成功有两个'要素'。"朱伟表示，"首先是创新，企业更需要创新而非发明；其次是品质，我们定位于中高端客户，极其重视品质，在市场竞争中主动规避价格战。"

企业更需要创新而非发明。

博创科技的崛起就像一个励志故事。但"磨砺产品"四个字并不是凭空能够做到的，博创科技的内在驱动力在于创始人的技术功底，以及不断地创新。

说起创新，这位来自"贝尔实验室"的"科学家董事长"滔滔不绝，"首先公司拥有 3 位来自美国的回国创业博士和 30 余名国内招聘的工程师，公司设立了以应用技术研究、新产品开发和工程生产为架构的科研技术团队，为新产品的持续推出和技术创新奠定基础。同时，公司出台鼓励创新的政策，对专利的申请和政府项目的申报进行奖励。另外，还在我们的生产第一线设立合理化建议奖，把这些建议所能够节省的成本、产生的效益，按照一定比例奖励给建议者，这对于工艺创新、提高效率非常有用。"

　　"创新其实并不需要很大。我们更多需要的是创新而不是发明。发明创造固然好，但有立竿见影效果的，往往是那些看似很'小'的创新。"对于企业创新，我们的"科学家董事长"也有独特的见解，"我记得华为公司提倡一句话：'小建议大奖励，大建议小奖励'，讲的也就是这个意思。其实，人的一生中就是由一件件小事组成的，你把每一件小事做好，就能把大事做成。"

　　自2003年成立以来，博创科技依靠其雄厚的技术力量，不断开发和完善平面波导光分路器的制造技术和工艺，同时，自主研发了其他平面波导集成光电子器件如美国线规、可变光衰减器、光可调波分复用器等的制造技术，并积极展开微机电系统光器件的研制与开发。因此，与竞争对手相比，博创科技在平面波导集成光电子器件领域具有技术领先、工艺完整成熟的优势，在微机电系统等其他产品领域，也已经有较充分的技术准备。

　　博创科技于2007年被认定为浙江省高新技术企业，2008年被认定为国家高新技术企业，并于2011年通过高新技术企业复审，2014年再次被认定为国家高新技术企业。

　　作为首批通过国家级高新技术企业认证、国内第一家专业从事平面光波导分路器研发及产业化的企业，博创科技在光波导器件的光学设计、测试和器件封装领域实力雄厚，拥有世界领先的高效率器件生产工艺，实现了各种无源和有源器件的混合集成，并先后研制出了我国第一套具有自主知识产权的 $1 \times N$、$2 \times N$ 平面光波导分路器。

　　"我们高度重视技术中心创新体系的建设。"朱伟介绍，博创设置首席技术官职务，并将企业技术中心作为公司的一级管理部门，目前拥有以技术研发中心为核心、多层次的研发体系。

创始人朱伟和丁勇亲自带领的研发团队已经完成了多项国家级项目、国家重点新产品项目和省级创新项目，获得了国家、省、市多项科研计划和技术创新经费的支持。博创科技拥有发明专利12项、实用新型专利9项，并拥有多项专有技术，如自主研发的光学芯片后加工技术、高精密光纤阵列制作技术、可靠的耦合与胶合技术、自动化综合光学性能测试技术等。特别是其光学芯片后加工技术，能够显著提高各种光学芯片的光学性能，有效提高芯片良品率，降低单位原材料采购成本。

"现代社会，每个行业都存在着激烈的市场竞争，每个公司只有不断创新，才能谋求发展。博创科技致力于追求技术创新，不断优化产品结构，通过新产品的不断研发并实现产业化来增强公司综合竞争实力。"朱伟说，博创科技能够成为平面波导集成光电子器件市场主要供应商之一，最直接的因素就是由技术研发能力推进的质量优势，形成企业独有的竞争优势。

"未来，我们将进一步加强技术研发，实现集成度更高、功用更全面复杂的高端平面波导产品的规模化生产和供应，并在此基础上向产业链上游延伸，逐步向平面波导芯片制造方向迈进，力争拥有垂直完整的平面波导产业链。"朱伟介绍，"将在平面波导技术平台之外拓展基于微机电系统技术平台的光电子器件，并开发大于40G的高速数通光有源器件，进一步丰富公司产品技术类型和产品结构。"

拥有客户就拥有未来

博创科技两位创始人都是成绩斐然的科学家，其技术背景在业界可谓雄厚。但公司不是科研机构，开拓市场才是一家公司的生命线。

"谁拥有客户，谁就拥有未来。"朱伟表示，"博创科技定位于中高端客户，极其重视品质，在市场竞争中主动规避价格战，也因此保证了公司的一定利润。"

博创科技创业初始，中国的光纤到户连萌芽阶段都没开始，朱伟就整天跑日本去拉订单。"当时我们是做科研的，也不懂怎么找客户、做市场，反正我拿着美国护照，跳上飞机就去了。"朱伟说。那个时候经常有公司员工看到他，会私下里议论："朱总脸色不好，估计又没找到客户。"事实也是这样子，朋友有时给朱伟和丁勇介绍客户，等到了日本见面之后又谈不成，这样的事情经常碰到。

直到有一天，朱伟遇到了一家日本公司，双方谈得特别投机，最终商定由博创科技来为这家公司做光分路器代工，这也成为博创科技的第一个大客户。

"光电子器件行业已发展数十年，无明显的政策壁垒。"朱伟介绍说，"但日本是个特例，日本在光纤通信领域一直处于领先地位，导致市场比较封闭，别国产品较难进入。"

说起日本市场与客户，朱伟非常自豪，"与日本客户的接触对我们是一个很大的促进，日本客户的要求的确很苛刻，常常要超过Telcordia（一家通信技术公司，以高标准高要求而著称）所规定的可靠性指标。但我们始终相信，这正是提高我们公司产品质量和管理水平的好机会，所以我们欣然接受挑战。"

博创科技在业务拓展过程中将客户资源视为企业最重要的核心资源之一，尤其重视对客户资源的维护和更新。并且，经过多年的技术研发、市场推广和服务维护，博创科技积累了数量可观的优质客户资源，而稳定的客户资源也有效促进了公司的健康发展。

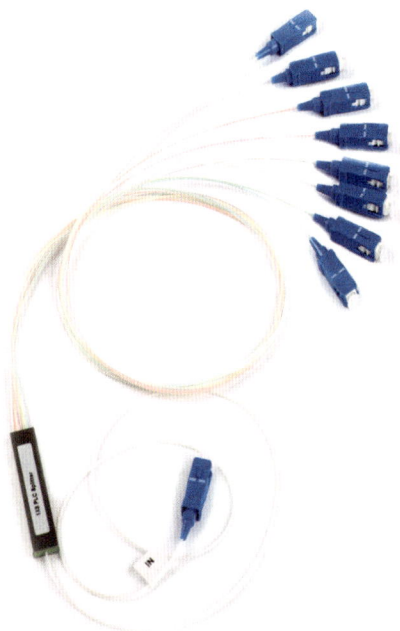

微型模块型光分路器（博创科技）

经济的发展推动现代企业市场化程度越来越高，企业的客户资源也成为企业赖以生存和发展的基本要素。"谁拥有客户，谁就拥有未来"，客户资源能够帮助企业更好地锁定和开拓目标客户，更好地了解客户需求，以便于把握市场变化，增加企业市场竞争优势。

"我们非常重视配合客户需求进行产品研发，以满足不同客户的定制化需求。"朱伟表示，经过多年的拓展，博创已经确立了国内平面波导集成光电子器件行业的领先地位，具有较高的知名度和美誉度，获得了国内外客户的认同。

如今的博创科技还是华为的第一大供应商。朱伟说，创业伊始，华为给了博创科技的产品很高的评价，但当时的主要顾虑是，华为这种大企业无论是对产品数量还是质量都有极高的要求，博创科技作为初创企业决定先发展其他市场，待到中国开展光纤入户时，博创科技已经成为业内领先的企业，顺理成章地成了华为的第一大供应商。

"黑马"跑进"光互联"时代

"博创科技成功首次公开发行股票并在创业板上市，是公司发展史上的一个里程碑，也是一个新的起点。我们会牢记'为一个万物互联的世界提供集成化光电子产品'的目标，我们更会憧憬'一个光纤连接的世界成就所有人的数字化生活'的愿景。我们将继续瞄准世界最前沿的光电子技术，不断进取，以良好的业绩回报股东、回报员工、回报社会！"这是朱伟在博创科技股票上市仪式上的讲话，简明扼要。回顾过去，展望未来，朱伟很有信心，"随着上市交易，意味着公司下一步发展将迈入新阶段。"

今天的博创科技，已连续多年被亚太通信委员会评价为"中国光器件与辅助设备和原材料最具竞争力企业十强"。未来一段时间内，公司仍会在平面波导集成光电子器件领域保持较为领先的市场地位。

随着互联网的蓬勃发展和智能手机等移动终端功能的加强，在线影视、网络视频、电子商务、网络社交、在线游戏、网上金融等各种应用和服务已经完全融入广大群众的日常生活。网络通信的数据量大幅增加需要有通信带宽的支持，同时，物联网、云计算等也将大大提高对网络传输速度和带宽的要求。为适应上述业务的发展，运营商需要加大光纤宽带网络建设、骨干网络扩容和接入网的升级提速，这将为光电子器件行业带来良好的发展机遇。

"'互联网+'时代的兴起，带动了整个光纤通信行业的发展，光电子器件作为光纤网络的构成要件，既直接受基础网络的资本性投入、组网需求和组网方式等网络运营的影响，也通过自身技术的发展和性能的优化不断推动光网络市场和技术的演进，这也导致该行业存在着激烈的市场竞争。"面对未来残酷的市场竞争，朱伟非常清醒："全球范围内光电子器件已基本形成开放竞争的市场格局，一些集技术优势、管理优势、规模优势的全球性的光电子器件商所占市场份额相对较大，而相当数量的小规模厂商则在低端产品上形成竞争，市场份额和行业地位也很有限。"

根据《2016全球光通信市场分析与预测》，2015年全球前10大光电子器件厂商的市场份额达到63%。其中，光电子器件领导企业菲尼萨（Finisar）和安华高科技（Avago）分别占16%和8%的市场份额。我国目前已经成为国际上光电子器件主要生产基地，随着研发能力、生产工艺水平的提高，再加上产品的成本优势，国内光电子器件厂商综合竞争力将会日益提高。

光电子器件作为光纤网络的构成要件，其发展与整个光纤通信行业的状况息息相关，既直接受基础网络的资本性投入、组网需求和组网方式等网络运营的影响，也通过自身技术的发展和性能的优化不断推动光网络市场和技术的演进。随着光纤网络从长距离骨干网向城域网和接入网过渡以及全光网络的发展，对光电子器件的需求更加迫切，市场需求量也随之迅速增长。

"从公司发展角度，目前已经超过了我最初的预期，而未来我们肯定还是会以创造世界领先的光学集成器件制造平台为目标，并打造完整的集成光学产业链。"朱伟说，"其中我的一个梦想，是要建一个中国的光学芯片生产基地，因为中国目前还没有自己生产的光学芯片。"

从整个行业的角度来看，光通信未来的发展在于如何把光传输的技术应用到距离越来越短的光互联领域。简单地说，就是曾经用电信号进行信息传输的，全都变成用光信号进行传输，不管是在电路板跟板之间，还是在本身电路板上。朱伟展望，"到那时，微电子技术和光通信技术将有机地结合在一起，带来技术上革命性的飞跃，真正意义上的光学计算机可能也为期不远了，这应该是很令人激动的时刻。我们要做的，就是在这种技术积累、演变、发展并充满商机的过程中，抓住机会，作出自己应有的贡献。"

"博创科技所有同仁因梦想而坚持，因坚持而进步，成就光纤互联万事万物，成就未来的数字生活的愿景！牢记提供互联网、物联网的集成化产点的目的。博创科技愿与大家一起在更广阔的天空翱翔！"朱伟最后对笔者说，"力争在不远的将来成为世界上集成光电器件的领跑者！"

第十五篇

佳利电子：一颗小元件改变大世界

黎光寿

2017年9月，各大手机品牌争相发布自己的拳头产品——苹果的iPhone8、华为Mate10，这都是2017年秋天能引起全民狂欢的小事。但从未被人关注的是，手机里的一个小小元件，却对手机通信至关重要，如果没有这个小元件，不管是哪一个品牌的手机，都只能是无用的"砖头"。

这个小元件，叫滤波器，它是信号的频域分析中一个重要的元器件，已经广泛应用于手机、卫星电视、卫星导航、物联网等领域。小到微软的电子游戏机，随处可见的耳机，共享单车的智能锁，共享汽车的远程锁车系统，大到著名的北斗导航、神舟飞船、天宫空间站，都少不了陶瓷滤波器这么一个小小的元件。

不为人知的是，浙江嘉兴的一家民营公司——嘉兴佳利电子有限公司（简称"佳利电子"）也在生产这种滤波器，这家公司是北斗星通全资子公司，也是国内最具竞争力的微波介质陶瓷元器件制造商之一。目前，佳利电子的高性能滤波器产品已经被设计进全球著名集成电路设计厂商——联发科的芯片整合系统解决方案，并于3年前应用到微软的游戏终端机上，前装天线系列产品已经通过了汽车行业的 TS16949 认证，批量应用于奔驰、宝马、奥迪、兰博基尼、保时捷、特斯拉等国际品牌整车。

和许多知名的公众公司比起来，佳利电子在社会上几乎没有知名度，但佳利电子却通过自己的技术和产品，在"互联网＋"的时代里，默默地成为无线通信领域、卫星导航领域、卫星电视领域及物联网领域的后盾。

佳利已经在生活里

佳利电子成立于 1995 年，专业从事微波介质陶瓷元器件和卫星导航组件的研发、生产和销售，产品应用于卫星导航、无线通信、卫星电视、物联网等领域，是国内少数具备自主知识产权的低温共烧陶瓷（Low-Temperature Cofired Ceramics，简称 LTCC）材

料制备工艺技术并实现规模化生产的国家级高新技术企业，是全国电子信息行业优秀企业，并连续七年被认定为中国电子元件百强企业，2017 年排进该榜第 86 名。公司研发团队曾获得全国五一劳动奖状。

北斗星通董事长周儒欣撰文称，佳利电子自成立以来，致力于微波陶瓷器件这一核心基础业务的发展，始终围绕市场需求，广纳文才、不断求索，历经二十余年艰苦砥砺、顽强拼搏，不仅铸造了一个业界知名的卫星导航和微波陶瓷器件企业，而且还练就了以优秀企业家尤源为代表的一支市场、技术和管理一流的优秀团队，是"奋斗者"的典范，是"中国梦"的缩影。

佳利电子总经理尤源介绍，佳利的产品应用可以用"上天入地"来形容，包括航空航天、卫星电视、移动电话等。2017 年 7 月 30 日大阅兵中大放异彩的隐身战机的航电设备、北斗导航卫星的终端设备，还有共享单车、共享汽车的安全锁，手机内置天线、耳机滤波器，移动电话信号发射塔接收器，均出自佳利的手笔。

用一个通俗一点的产品——卫星电视接收器来解释佳利的地位："20 年前，在卫星电视接收器领域，到处都是韩国、日本的公司，可佳利的产品出来以后，韩国、日本的公司干不下去了。"佳利的一名技术主管这样说，现在国内的卫星电视接收器所采用的核心元件——滤波器，主要就是由佳利供应的。

同样，在全球定位系统（Global Positioning System，以下简称 GPS）和北斗导航接收器领域，原来的 GPS 接收器只是单一信号模式，只能接收 GPS 信号，但佳利制造的北斗导航接收器，是双模的模式，不仅可以接收北斗导航的信息，还可以兼容 GPS 的信息。这样有利于用户在不放弃原有的 GPS 导航的前提下，使用北斗导航，让北斗与 GPS 能够互相结合，共同给客户提供服务。

佳利公司宣传册上有一段话，可以说是佳利电子与我们生活之间的真实写照："当您通过互联网浏览全球信息，当您在大洋彼岸接收到来自家庭的问候，当您通过手机、无线、蓝牙与通信产生联系，当您依靠导航在世界任何地方自由驰骋不受阻碍的时候，尽管您还不知道佳利这家公司，但佳利已经不知不觉中走入您的生活了。"

持续创新，硕果累累

佳利电子为什么受到欢迎？为什么能够深入到人们的生活里？这跟佳利电子的企业特殊性有关。而这点特殊性，就是持续不断地创新，让佳利电子的技术和产品一直处在时代前沿。

佳利电子的起步是从无绳电话开始的——原董事长尤晓辉的大儿子、现任总经理尤源，当时带队研制出了无绳电话专用双工器，从而开始了佳利电子的创业。双工器主要应用于无绳电话，其工作原理是由两组不同频率的带阻滤波器组成，将发射和接收讯号相隔离，避免本机发射信号传输到接收机，保证接收和发射都能同时正常工作。

佳利电子的双工器填补了国内空白，打破了日韩企业长期垄断该领域的局面。1996 年佳利电子将双工器投入批量生产，取得 20 万只订单；1997 年佳利电子研制出适合欧洲、南美和澳大利亚等国家和地区入网要求的双工器产品；1998 年以 9 个系列 55 种产品的规模成为国内最大的无绳电话双工器生产企业。

成为国内乃至世界最大的双工器生产企业都不是佳利电子的目

标，通过技术革命推动人类通信革命才是佳利团队孜孜不倦的追求。1999 年，佳利电子创始人尤晓辉得知上海大学许赛卿老师是国内微波介质陶瓷材料研究专家，三赴上海，终于将许赛卿邀请到企业担任高级工程师，专门带领材料团队，在微波介质陶瓷产品上继续攻关。

2000 年微波介质陶瓷产品正式批量投产，佳利电子成为国内首家批量生产的企业；2001 年，佳利电子深入低温共烧陶瓷技术的研究和器件开发，并与浙江大学建立了"微波陶瓷材料研发中心"。2002 年，佳利电子继续投入 3000 万元从日本引进国内第一条低温共烧陶瓷生产线，低温共烧陶瓷频率器件年生产能力达到 2000 万只。

在政府认可上，2001 年，佳利电子的"数字移动通信微波介质双工器"通过省级新产品鉴定。2002 年，微波介质双工器被列为国家科技部火炬计划项目，GPS 天线、滤波器及地面接收高频模块被列为国家发展改革委高新技术产业化示范工程项目。

2003 年，佳利电子在嘉兴和西安两地设立 GPS 研发部，拉开了 GPS 模块及手持机自主研发的序幕。2004 年，佳利电子建立 GPS 分厂，实现 GPS 有源天线、GPS 模块及 GPS 手持机的批量化生产与应用。2005 年，"GPS 接收模块及手持式接收机"被列为国家科技部科技型中小企业技术创新基金项目。2007 年，"汽车全球卫星导航（GPS）产品产业化"项目，经国家工信部电子信息产业发展基金批准立项，取得 GPS 导航天线、OEM 接收模块等 18 项基础性科研成果，并实现产业化升级。

此后，佳利电子的技术又不断获得国家肯定：2008 年佳利电子被首次认定为国家高新技术企业；2009 年，与浙江大学产学研合作联合取得的技术成果"低温共烧片式多层微波陶瓷微型频率器件产业化关键技术"荣获国家科学技术进步奖二等奖。

2008 年 10 月份，佳利电子就已经感觉到了全球金融危机的来临——订单突然呈现断崖式下滑的局面。然而当时公司的存款只能够维持十个月，即使能把一些货款收回来，也仅能够支撑一年半，公司立即进入危机应对状态——业务员放下其他所有的业务，加快应收账款催收。

经过了半年的危机状态，到 2009 年 4 月，佳利电子又开始有了新订单，后来订单陆续增加，"危机算是解除了"，佳利电子又恢复了正常的运转。深感于危机状态期间企业规模的弱小，以及高新技术企业持续发展对于资金的迫切需求，佳利电子启动了上市计划。

闯进北斗大门

上市对于当今企业来说，是完成第一阶段的原始积累之后，进一步发展壮大所必经的一步。因为今天这个时代是一个快鱼吃慢鱼的时代，如果企业不迅速壮大，要么被同行吞并要么在市场竞争中失败，这对企业创始人来说是一个不可接受的事情。佳利电子在 2009 年经济复苏之后，就开始了上市的谋划。

现在的佳利电子，是一个专业生产微波介质陶瓷元器件和卫星导航组件的企业，但在 2009 年启动上市前，业务并没有这么清晰。在佳利电子的背后，还有一个母体正原电气，其主营业务是税控收款机和高低压智能成套配电箱的生产与销售等，正原品牌的税控收款机产品曾刷新了民营企业中标 5 个省份税务系统采购的纪录。

佳利启动上市计划之后，将正原电气作为其控股公司存在，并引进万向集团作为战略投资者。有了上市规划之后，佳利电子围绕上市规划大踏步迈进。

2009 年，国家发展改革委卫星及应用产业发展专项"北斗兼容卫星导航天线高技术产业化示范工程"项目立项，佳利电子作为项目承担单位建设了国内卫星导航天线示范生产线。2010 年，佳利电子的技术成果"GNSS 有源微波介质陶瓷导航天线研制与产业化"荣获中国全球定位系统技术应用协会颁发的优秀工程与产品一等奖。尤源被总装备部聘为"中国第二代卫星导航系统重大专项应用推广与产业化专家组"专家。

同时，佳利电子的射频识别读写器天线产品开始形成系列化及批量化生产与应用，为国内最大的物联网企业配套，佳利电子的陶瓷介质天线在抗金属应用方面已具有无可替代的作用，并显现强大的材料及性能优势。

2011 年，佳利电子以微波介质陶瓷天线实物测评与资质、

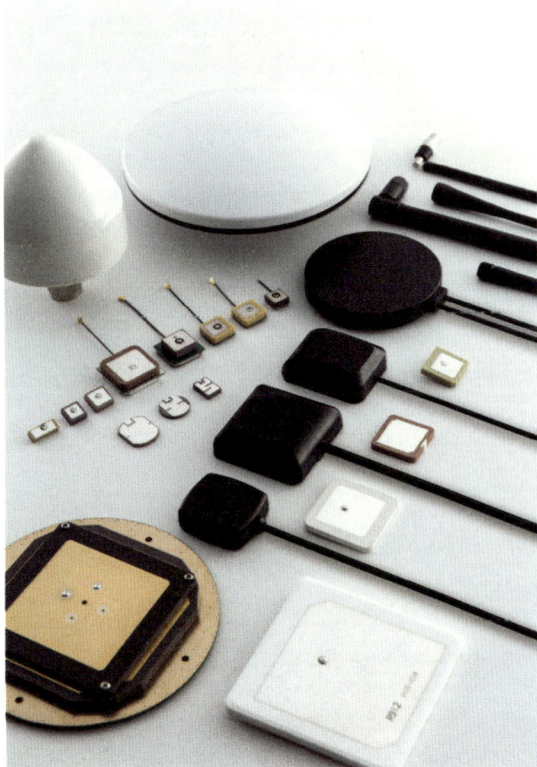

佳利电子产品之一——卫星导航天线系统产品

技术审查综合成绩第一名的实力，中标"中国第二代（北斗）卫星导航系统专项应用推广与产业化招标项目"之"多模导航型天线"项目。其"低温共烧片式多层微波陶瓷微型频率器件产业化"项目被立项为 2011 年度国家重大科技成果转化项目。

2012 年，佳利开始研制小型车（电瓶车）用北斗车载监控终端整机产品，尤源总经理被评为中国卫星导航与位置服务行业领袖企业家。不过，佳利电子的上市计划在 2012 年遭遇了挫折——首次公开募股（简称"IPO"）被证监会否决。

"首次公开募股和加入别的上市公司，实际上就是鸡头凤尾的问题。"同是公司创始人的尤佳介绍，佳利电子的首次公开募股被否之后，来了几十家公司来谈重组，"我们决定走出小圈子，用开放的心态面对公司的变化，公司姓什么并不重要，重要的是公司要有发展"。

"佳利前 20 年产值做到了两个亿，年利润有 3000 万到 4000 万，最低也是 2000 万，但要每年拿出 1000 万元作为公司的发展基金，继续把企业做十年。"尤佳说，这个方案对当时的佳利电子来说虽是可以做到的，但能否在激烈的市场竞争中活下来，却不是自己能够左右得了的，所以加入一家关联度高的上市公司，就成为必然的选择。

这家公司叫北斗星通。

做一个北斗义工

尤源与北斗星通的结缘，始于一次北斗活动，在这次活动中他认识了时任和芯星通、现任北斗星通总裁的胡刚，胡刚与尤源同为中国第二代卫星导航系统重大专项应用推广与产业化专家组专家，不同的是，胡刚胸怀"中国芯"，是北斗办编外工作人员，而尤源则肩背北斗天线，为北斗做义工。两位北斗专家，因共同的事业相识。同时尤源进一步与北斗星通董事长周儒欣有了更深度接触。

北斗星通成立于 2000 年 9 月 25 日，是我国最早从事导航定位业务的专业化公司之一，是我国导航定位产业领先者，已形成基础产品、国防业务、汽车电子与导航、行业应用及运营服务四大业务板块，主营业务涵盖国防建设、智慧城市、空间信息、海洋渔业、车辆导航、测绘测控、数字港口、变形监测、智能交通、精准农业等领域。

北斗星通与佳利电子同属于北斗联盟会员单位，是"因北斗而生、伴北斗而长"的行业巨擘，两家公司有相同的价值观，业务上关联度非常高，更重要的是北斗星通资金实力雄厚，能够支撑佳利电子的未来发展规划和投资规模。2014 年 8 月，双方签订协议，北斗星通通过发行股份购买资产的方式收购佳利电子100%的股份。2015 年获得中国证监会批准后，佳利电子正式成为北斗星通的子公司。

作为中国第二代卫星导航系统重大专项应用推广与产业化专家组专家，加入北斗星通后，尤源率领中国北斗车载应用产业联盟的企业家，自带干粮，辗转各地，组织并参与了各类北斗应用推广活动几百场，邀请国家最高科学技术奖获得者、"两弹一星"功勋科学家、北斗卫星导航系统工程总设计师孙家栋院士多次视察并指导北斗车载应用产业化推广工作。

基于振兴北斗的情怀，在佳利电子的微波介质陶瓷元器件的基础上，佳利电子成功开发了北斗卫星导航天线和卫星导航模块等产品。根据中国第二代卫星导航系统专项管理办公室（简称北斗办）统计，从 2014 年以来，佳利品牌在北斗的基础产品——多模导航型天线年度销量已连续三年位列国内行业第一。

佳利电子通过集成化手段向下游发展，进一步拓展产品链，已建立覆盖"材料—元器件—组件—终端"的研发体系和产品链。佳利电子力求"用心做好每一颗元器件"，延续并发扬中国工匠精神。这样的"工匠精神"陆续获得了国际客户认可——通过了联发科、英特尔、网件和莱尔德等业内知名公司的产品准入认证，"过去我们只是国际品牌维修维护时的替代产品，经过这些认证后，我们真正成了国际品牌的合作伙伴"。

截至目前，佳利电子拥有授权专利和软件著作权近 50 项，佳利技术团队主持与参与制定的微波元器件行业标准及北斗应用专项标准共计 12 项，承担国家发展改革委、工信部、科技部、财政部等科研与产业化项目 20 余项，自 2013 年起已连续三年荣获中国卫星导航学术年会颁发的北斗卫星应用推进奖。

围绕北斗帮"创客"

当下，做企业有一个趋势，就是公司平台化，平台社会化，让公司成为别人创业发展的起点，在原有公司的基础上形成一个枝繁叶茂的生态圈，在生态圈内各种企业围绕着核心目标取长补短，相互协作，共同发展。

成为北斗星通的一员，佳利电子开启了发展的新篇章，制定了未来 3—5 年的发展规划：坚持共同的北斗梦想，引进并打造高端人才团队；应用并推广电子元器件车间的智能制造新模式；创建并凭借三个平台，即原有的以事业部为经营中心的老佳利、佳利微波陶瓷材料重点企业研究院以及北斗创客家建设；实现四个国际化，即提升管理水平国际化，塑造品牌形象国际化，项目研发规范国际化以及制造流程规范国际化。

2014 年，佳利电子召开了一次微波介质元器件三年发展规划研讨会，这是在佳利成立 20 年之后，标志其蝶变的一次盛会。这次盛会汇聚两岸三地业内高端人才及专家，确定了佳利微波陶瓷材料研究院发展规划，并启动了"全球揽才"战略。

在公司内部，佳利电子也构建了技术干部的上升通道，通过对项目经理的培育、遴选以及任职资格认证，建立起项目经理—专家—资深专家—首席专家的"梯队形"高端技术人才团队的培育与发展通道。

截至 2017 年 6 月，佳利微波陶瓷材料重点企业研究院在重点新材料、核心元器件、新型天线系统以及物联网技术应用研究领域拥有专职研发人员 115 人，其中博士学历专家 9 名，高级职称专家 15 名，教授 2 名。并成立了 32 个项目组，通过任职资格认证的项目经理 20 名，专家 13 名，资深专家 9 名，首席专家 2 名。

在技术人才团队的共同努力下，佳利微波陶瓷材料企业研究院主攻基于北斗系统、物联网以及新一代移动通信等三个领域的微波陶瓷材料关键核心技术及应用研究，研制并做大做强微波陶瓷材料及下游新型元器件、组件、模块产品等战略性产品，打破美日在该领域的垄断，进一步推动补强中国基础材料及新一代关键器件与模块的规模化生产与应用。

"我们跟北斗星通的约定是 2018 年底完成业绩翻一倍的目标，现在这个目标基本上完成了"。尤源说，原计划用五年时间再造一个新佳利，缔造十亿级微波介质陶瓷元器件专业化研制企业的目标，佳利电子已经提前两年在 2016 年完成。

但这并不是佳利雄心壮志的全部，创始团队还准备通过众创空间的方式，打造一个以北斗为核心的生态圈。这个众创空间叫"北斗创客家"，由佳利电子提供技术团队作为后盾支撑，给予创客无后顾之忧的创业和生活环境，创始团队出钱出场地，海归创业者拎包即可入驻。同时"北斗创客家"还为创客提供资源和辅导，创建 3000 万元"北斗创业基金"给予资金支持，"当爹又当妈还当保姆"。

在创客引领的过程中，佳利团队不仅提出了"保姆"和"导师"特色服务理念，而且创新了"基金"保障特色，凭借佳利电子及母公司北斗星通的雄厚资本实力，为创客们提供三大基金配套，分别为种子基金、北斗产业基金以及开放"北斗创客家"项目路演以吸引其他投资基金。

佳利电子总经理尤源认为，投资众创空间不是赶时髦，而是要以打通北斗产业链为最终目标，要做专业型的众创空间，吸引北斗上下游产业创客和创业团队集聚，打通北斗产业链各环节壁垒，形成北斗产业聚集发展优势。项目变现时，可成立独立公司的方式运作，也可以通过佳利电子的回购实现项目的运营和发展。

目前，"北斗创客家"已成为浙江省级和国家级的创客空间，截至 2017 年 8 月，共有创客公司 19 家，其中博士带队创客公司 12 个，老技工带队创客公司 1 个，大学生创业团队转公司 1 个，实到注册资本 3054 万元。2016 年"北斗创客家"内的创客公司产值约 250 万元，2017 年上半年产值已达 480 万元。

第三部分

材 料

第十六篇

桐昆集团：专注中国化纤情结三十年

陈　曦

你一定知道自己衣服的品牌，因为它就印在衣服上，以一个明显的标签展示着自己。但是，你可能不知道，制成衣物的纤维是哪里生产的。涤纶纤维的强度比棉花高近1倍，比羊毛高3倍，因此，涤纶织物结实、耐用，广泛地用在纺织品业、建筑内饰、交通工具内装饰等领域，是生活中必不可少的材料。

桐昆集团股份有限公司（以下简称"桐昆集团"）就是全球涤纶长丝行业内的领军企业，虽然它几乎不被大众消费者所知，却在世界化纤工业中占据着重要地位。

自1956年起，中国企业开始从东欧国家引进粘胶纤维生产技术、设备，同时依靠自己的力量建设了一批粘胶纤维生产厂，中国的化纤行业从此起步。进入20世纪70年代，随着我国石油化工的发展，大型乙烯和合成基地的建成，合成纤维工业蓬勃发展，其中聚酯纤维的发展尤为迅速，为我国化纤工业的更大发展奠定了基础。从1981年开始，化纤行业进入发展期，江浙一带兴建了大量的化纤厂。1995 年我国的化纤产量达到 288.5 万吨，仅次于美国，位居世界第二位。20 世纪 90 年代末开始，在浙江、江苏先后建立起多家大型现代化的化纤生产企业，桐昆集团就是其中的佼佼者。

桐昆集团的前身是成立于 1982 年的桐乡县化学纤维厂，经过 30 多年的发展，现拥有总资产超过 200 亿元，下辖 5 个直属厂区和 15 家控股企业，员工 15000 余人。桐昆集团现已具备 400 万吨聚合和 460 万吨涤纶长丝年生产加工能力，居世界涤纶长丝企业产能和产量之首。公司研制出五大系列 1000 多个品种，产品畅销国内，并远销南美洲、欧洲、中东、南非、韩国、越南等 60 多个国家和地区。

最难得的是，在化纤这个大起大落的行业中，即使在行业最不

景气的时候，桐昆集团也能保持盈利，企业自 1991 年至今连续 26 年无亏损，在业内是一个传奇。

智慧工厂释放"机器换人"红利

化纤曾经是劳动密集型行业，即使到了现在，一些小型化纤作坊靠的也是低人工成本在夹缝中生存。

化纤行业已连续 4 年处于深度调整期，行业产能过剩、产品库存高企、下游需求低迷的状况深深困扰着化纤企业。在这样的恶劣环境下，桐昆集团却一路披荆斩棘，在"十三五"开局之年打了一场漂亮的翻身仗，尤其是 2016 年第四季度，单季实现归属母公司的净利润同比增长 3494%—3893%，环比增长 157%—186%，创下上市以来单季度业绩新高。

桐昆集团有这样的成绩，得益于其对自动化、智能化的热情与执着。

桐昆集团总裁办主任徐学根介绍，以前化纤行业是劳动密集型，要靠人搬丝、包装，现在用机械手，效率高多了。

桐昆集团的智能化进程分三步走，第一步是自动化设备，公司 80% 以上的关键生产设备均为德国和日本引进，达到国际一流装备水平，目前已实现落丝、搬运、包装、入库、仓储全流程自动化生产。

第二步，把信息化融入到自动化中，"物联网植入进去，在每一个工序上进行数据采集，在纺织、包装、储存等方面进行联网。"

第三步，实行智慧化管理，"信息化对接好了之后，我们就开发不同的系统，比如销售的系统，生产管理的系统。原来都靠人，现在是靠大数据的分析。整个的产量一天是 13000 吨左右，其中肯定有好销售的，有不好销的，这个大数据就知道，客户信息也会反馈过来。"

现在，桐昆集团每个厂区每天形成一份根据盈利性计算的报表，生产部门的领导可以根据报表调节产品的品种结构，比过去等到市场反馈后再调整增加了主动性。

这三步走，步步紧跟，环环相扣，使桐昆集团成为浙江省两化融合的示范企业。

2017 年 8 月，桐昆集团恒邦厂区中央集散控制中心进入紧张的倒计时，10 点 58 分，大屏幕上跃然呈现出"恒邦二期 CP2 聚酯一次开车成功"的字幕，场内欢呼声起。这是桐昆集团"年产 20 万吨多孔扁平舒感纤维技改项目"正式投入生产项目的现场。在包装车间，机器人挥舞"手臂"完成了套袋、抓丝、包装等流程，不消多时，打包待发的成品就被运输至一旁的立体仓库。立体仓库替代了传统仓库与生产车间分离的落后模式，实现了快速取料。一条快节奏、高效率的"柔性制造"智能化流水线在车间延伸。

"原本 300 个人的流水线，现在只需要一半人工就能成功操作。"恒邦厂区项目总监沈富强介绍。

"我们目前主要实施的智慧工厂项目以恒邦厂区二期工程为载体，基于信息物理系统（CPS），主要从基础设备改造、生产装备智能化、生产过程数字化、生产制造一体化管控和产业链一体化五大方面来建设智能工厂项目。"桐昆集团信息中心主任杨晓明说。

目前，桐昆集团通过集成提升现有质量、研发、计调、条码等管理信息化系统及生产现场自控系统数据集中管理系统及物流仓储系统，并将投入大量智能系统用能设备，加强厂联网和机联网建设，实现车间设备与信息化调度、监控、管理系统的一体化，实现多部门、多系统的数据交互，实现接单、下单、采购、生产、入库、发货、物流等环节数据的动态实时查询展示和有机联动，实现产品从设计到制造的全生命周期的自动化过程。

智慧工厂为桐昆集团带来的效益十分明显。据测算，总投资近4亿元、具备20万吨年生产能力的恒邦二期工厂新产品研发周期较其他厂区缩短15%，库存周转率提高30%，能源利用率提高7%，关键工序数控化率达到80%，同时带动集团新产品研发周期缩短13%，库存周转率提高27%，能源利用率提高6%，关键工序数控化率达到75%。

从人均产量的提升也可见智能化的巨大成效。2016年，桐昆集团旗下恒通公司年人均产量达到418吨，比2015年上升78吨；恒腾公司一期项目年人均产量达到446吨，同比上升97吨，新投产的恒腾二期项目年人均产量接近500吨，在化纤行业已处于绝对领先水平。

延伸上下游产业链促进规模效益

业务聚焦和全球化是隐形冠军企业不可或缺的两大支柱战略，业务聚焦会使产业规模有限，但是全球化则可以实现规模效益。桐昆集团年生产加工能力居世界涤纶长丝企业产能和产量之首，显然已经具备了规模效应。

据徐学根回忆，桐乡原来有10家化纤厂，1995年到2000年之间，这些企业都面临同样的市场困境，其中大部分倒闭了。"从董事长1991年到企业，桐昆集团这么多年从来没有亏损过。"

在行业不景气的情况下，桐昆集团何以逆势增长，其中原因除了产品质量好之外，规模效应也是一等功臣。

徐学根说："我们企业靠的是规模，算一算，我们一天用13000吨原材料就是上亿元资金，资金要求之大可想而知。"

形成规模之后，桐昆集团把成本做到最低，争取在别人保本的时候，企业有利润；桐昆集团保本的时候，别人就亏了，这时桐昆集团还可以抢占更多市场。

尽管规模大，桐昆集团却从不摆老大的架子，特别是在与供应商的交往中，桐昆集团做到诚实经营。徐学根说："我们采购成本低，要求质量好，价格低，即使这样别人也愿意卖给我们，因为我们资金实力雄厚，不欠供应商钱，信用肯定好。"

至今，桐昆集团在26年的低负债运行中，销售环节不存在一笔应收未收账款，即使在行业深度调整的不景气时期，桐昆集团仍保持盈利，规模效应下涤纶长丝单吨净利润处于行业领先水平，单吨成本比行业平均水平低200元至300元。

规模大了之后，为了保证这个庞然大物能灵活运作，桐昆集团在内部管理——人、财、物管理，现场管理，班组管理等方面下功夫，设定了包括产量、优等率、废丝率在内的13个大指标，每年进行考核。

2017年5月，桐昆集团发布公告，桐昆集团股份有限公司全资子公司浙江桐昆投资有限责任公司（以下简称"桐昆投资"）拟以支付现金方式收购浙江桐昆控股集团有限公司（以下简称"桐昆控股"）所持有的浙江石油化工有限公司（以下简称"浙江石化"）20%股权。

桐昆集团此次收购浙江石化股权将带来的最直接的优势就是完

桐昆集团产品

善产业链，增强主业竞争力。

桐昆集团收购浙江石化股权，有利于进一步拓展上游产业链，增强企业的综合实力，增强企业在周期性行业中的抗风险能力，为企业的持续、健康、稳定发展奠定扎实的基础，实现企业打造全产业链的远景目标。

近年来，桐昆集团坚持围绕聚酯纤维主业持续向产业链上游布局、发力，上马新项目，努力打通石油炼化（PX）—精对苯甲酸（PTA）—长丝全产业链。

2016年6月，桐昆集团与苏州宜布网电子商务有限公司正式签署战略合作协议，携手共建线上线下纺织原料交易平台，通过"互联网+"电商平台开启跨区域、产业链合作的新模式。宜布网是新兴的纺织产业生态链线上到线下（O2O）专业电商平台，其通过汇聚纺织生产企业，来整合江苏盛泽及周边地区纺织业生产链，为化纤纺织企业打通销售通路。

"此次合作真正打造了一个强强联合、优势互补、合作共赢的平台，对化纤纺织行业转型升级具有重要意义。"桐昆集团总裁许金祥表示，此次与宜布网的战略合作不仅实现了传统行业与金融产业的深度融合，同时借助盛泽纺织产业优势和互联网的方便快捷，可将上下游企业间的信息流、资金流、物流、交易流有机结合起来，实现供求的无缝对接。

领军企业的创新使命

在"科技兴企"战略的指导下，作为国家级重点高新技术企业、国家新合纤产品开发基地，桐昆集团依托自身国家认证实验室和省级企业技术中心的平台及省级重点企业技术创新团队的实力，凭借20多年来对化纤生产技术的潜心钻研，在涤纶长丝的生产和研发方面一直走在国内前列，多项科研成果和高新技术产品填补国内空白，并拥有自主知识产权，参与多项行业标准制定。

优秀的企业应该管理与技术并重，因此桐昆集团十分重视科学管理体系的建立，在业内较早通过了ISO9000质量管理体系认证、ISO14001环境管理体系认证、计量检测体系认证以及标准化良好行为认证，并在日常管理中积极推行五常法则和全员生产维护管理、卓越绩效模式以及六西格玛管理等先进管理技术，为品质的保证打下了坚实的基础。

2009年，桐昆集团就被中国纺织行业协会授予"国家新合纤开发基地"荣誉称号，成为国内差别化纤维研发基地，借助这一平台，桐昆集团不断加深与上下游产业链企业间的紧密合作，更好地紧跟行业发展形势，为深入开展产品研发与创新工作提供准确及时的一手信息。同时通过平台，发挥龙头企业的引领和示范作用，推动上游提升原料的品质、带动下游实现新产品的开发和产品的升级换代。

桐昆集团在人才培养方面也有一套妙招，"公司每年年底统一规划下一年的科研项目，从现有技术队伍中挑选优秀骨干作为项目的带头人，成立项目课题组，承担项目的立项、研发等工作。"桐昆集团副总工程师孙燕琳介绍，项目的实施让技术骨干的提升效益显得特别突出，不仅为公司培养了一支"拉得出、能打仗"的高素质技术团队，更加速了公司新旧发展动力转换的频率，让桐昆集团交出了一张张亮眼的科技创新成绩单。

实现自身技术提升，并不是桐昆集团的最终目的，作为行业内的领军企业时刻坚守使命，以科技创新驱动助推产业提升，是桐昆集团始终保持旺盛生命力的关键。目前，桐昆集团牵头、参与起草的国家（行业）标准已逾 30 项，列入国家级科技支撑计划 3 项，列入国家火炬计划 9 项，申报专利 500 余项，拥有省级高新技术产品 300 余项。2016 年 9 月，由桐昆集团起草制定的《阳离子染料可染改性涤纶低弹丝》"浙江制造"团体标准顺利通过"浙江制造"专家组的评审并实施，填补了该领域国家标准和行业标准的空白。"十二五"期间，桐昆集团荣获国家科技进步二等奖，"十二五"产品开发突出贡献奖，"纺织之光"科学技术一、二、三等奖。

科技创新为桐昆集团转型求变开辟出了一条康庄大道，使企业在供给侧改革的浪潮中焕发新生，让企业的盈利能力持续提升。

另外，传统制造业企业的转型升级需要企业通过绿色制造、清洁生产肩负起社会责任。桐昆集团不是个仅注重发展速度的企业，而是一个注重企业发展与社会责任并行的良心企业：持续注重清洁生产，推进绿色制造，发展循环经济，带动聚酯涤纶行业向资源充分综合利用、绿色低碳、清洁安全转变，清洁生产、循环经济已结硕果。

恒盛、恒通、恒邦、恒腾的乙醛回收项目顺利投入运行；恒通工业区及恒腾公司光伏发电项目装机容量已达 13.5 兆瓦，全年发电量超过 1000 万度，在行业内屈指可数。嘉兴石化尾气余热发电项目，循环水系统节能改造、中水回用系统改造、污泥干化项目，园区厂区废丝造粒项目、染色水处理系统，恒达 FDY 油气分离系统，恒盛公司脱硫除尘系统等均已投入使用。

2016 年，桐昆集团在节能降耗方面的投入超过 1.5 亿元；2017 年，计划投入 2 亿多元继续进行节能改造。

在对已有厂区已有装置进行节能改造的同时，桐昆集团更把眼光投向了未来。恒邦三期项目是桐昆秉承着高起点、高标准、高质量的理念，力求打造成桐昆集团最好的差别化生产的熔体直纺项目。为此，桐昆集团将建设一套连续、柔性、差异相统一的年产 20 万吨绿色聚酯纤维示范线，项目中所有装置设备全部选用国家推广目录的高效节能电机和专用设备，通过绿色制造工艺技术和装备的创新及集成应用，解决生产过程中绿色化程度不高的问题，大幅降低能耗物耗，实现多功能差别化聚酯纤维的绿色生产。项目建成后，产品能耗比同行业 I 级标准低 20%。

工信部发文批复 2016 年绿色制造系统集成项目，桐昆集团的"绿色多功能差别化聚酯纤维制造与应用技术集成创新"项目入选了国家绿色制造系统集成项目，成为嘉兴市首个入选这一"国家队"

的项目。

　　企业发展是靠实力说话的，企业规模、装备水平、产品质量、创新能力等的提升不仅仅能带来盈利能力的提升，更重要的是对提升企业综合竞争力和行业地位所带来的潜移默化的影响。

　　30多年前，桐昆集团的前身还只是一个名不见经传的、产量和效益位居全省化纤行业倒数第一的小企业，如果没有独具慧眼的发展战略、科学合理的产业布局、持续不断的技改扩张、锐意进取的创新改革，桐昆集团就不可能发展成为一个具备460万吨年产能的行业龙头企业。而当这一切成为现实，桐昆集团还将以"归零"文化，一切从头开始。在桐昆集团人的眼里自己没有第一，只有外界诸多第一在激励着桐昆集团，昨天以"归零"心态打拼，今天仍以"归零"精神实干，明天更需以"归零"文化勤勉。桐昆集团没有天才，只能以百分之百的勤奋和永不懈怠的意志，才能实现"百年桐昆"的宏伟目标。

　　"全产业链企业""先进化纤制造企业""绿色智能企业"是桐昆集团"十三五"的梦想和目标。为实现梦想和目标，桐昆集团持续以大投入为支撑，以大转型、大提升为抓手，实现企业全面大发展。未来，桐昆集团将继续努力完成"行纤维之事，利国计民生"的企业使命，打造百年桐昆，力求永续经营。

第十七篇
中国巨石：小镇飞出金凤凰

陈　曦

　　桐乡，地处浙北杭嘉湖平原腹地，素有"凤栖之地"的美誉。

　　提起桐乡，很多人会想到茅盾，想到水乡乌镇。而在这里，还有一个低调的行业隐形冠军——中国巨石股份有限公司（以下简称"巨石"）。在当下国内玻纤同行产能利用率普遍不高的时候，它的产能利用率保持在 95% 以上。

　　2008 年 7 月，一个全球规模最大、技术最先进的年产 60 万吨玻纤生产基地在浙江桐乡落成，中国巨石正式问鼎世界，一举打破行业榜首位置 70 年不变的平静，坐上世界玻纤的头把交椅。如今的中国巨石，玻纤产量占全国总产量的 40% 左右、全球的 20% 左右，已然成了全球玻纤行业的领头羊、中国民族工业的骄傲。"它不仅仅是简单的规模第一，更是高质量、高水平的第一。"中国巨石股份有限公司总裁张毓强说。

　　"在一个小产业上做了一篇大文章，在一个小地方办了一家大企业。"这是张毓强最自豪的两件事。

他的自豪，背后是一长串不得不说的理由——全世界超过 10 万吨级的池窑拉丝生产线技术，中国巨石独有；自 2009 年 E6 玻纤问世，这是第一个取得国际专利授权的、拥有中国自主知识产权的高性能玻璃纤维配方，如今产品已迭代到 E8；在玻纤行业的关键技术浸润剂技术领域，中国巨石拥有话语权……

背水一战，成就隐形冠军

"距您 1972 年扛回第一台拉丝机，已经走过 45 个年头，想过会有今天吗？"有人问。"不敢想，也不会想。"张毓强干脆地答道。

1972 年，张毓强和玻纤结缘。

在外出差途中听说做玻纤能赚钱，多方打听，得知九江玻纤厂缺少电动机和肥皂，他几经周折弄到了这两样东西，和九江玻纤厂换了一台旧拉丝机，又将拉丝机背回到创业的起点石门镇。于是，

主营染布的集体企业石门东风布厂开始转型做玻纤。冥冥之中，那个厚实的肩膀日后将扛起民族玻纤工业发展的大旗。

一路走来，磨难何止千千万，任何一次坚持不住，都不会有今天。

1984年，张毓强以副厂长身份主持全面工作，财务告诉他账面上的现金只有283元；1986年，企业遭遇技术、产品、市场三重困境夹击；1998年，亚洲金融危机让企业再次陷入困境，险些被外国同行收购；2009年，在全球金融危机冲击下，一边是24小时不停转的生产线，一边是不断积压的库存，重压之下的每一天都令人喘不过气。"2009年是我从业40多年中唯一没赚钱的一年，真遗憾。"张毓强说。

每一次难关当头，他总能在关键时刻力挽狂澜。九死一生的2009年，他依靠科技创新和精细管理通过在公司内部降本增效挖潜来缓解生产经营压力，如今公司仍旧保持着生产成本同行业全球最低的水平。也在这一年，公司下定决心调整产品结构，通过不断加大研发投入，开发适应市场需求的高端产品，降低中低端产品的比重，到2014年时，公司产品结构终有大的改观。因为调整得早，2014年至今公司利润增长屡创新高。

"到了我现在这个年纪，再回过头来看，当年胆子太大了。但如果没有当年背水一战，就不会有今天的一切。"

"您当年怎么胆子那么大?"这是张毓强被追问最多的一个问题，也是他最大的一次冒险。1993年，张毓强将玻纤厂从石门镇搬到桐乡经济开发区，成为开发区首家入驻企业。作为入驻条件，他成功联合开发区、农业银行、财政局、电力局和自己的企业振石股份，五家共同出资7500万元，投资兴建8000吨池窑拉丝生产线。

当时，7500 万元的投资绝对是天文数字。

在巨石成立之前，国内玻纤企业均沿用苏联的玻纤生产工艺，通过将矿粉熔炼成玻璃球，再由玻璃球拉丝。而当时欧美采用的技术是矿粉直接拉丝，也就是池窑拉丝生产线。后者成本更省、能源消耗更低、产品质量更高。可当时欧美国家对我国实行技术封锁，没有获得技术的渠道。于是，张毓强决定自己干。他知道，一旦成功，与同行间的距离就会彻底拉开。认准了，他就义无反顾地干了起来，花钱请技术专家、研究相关文献，开启了研发之路。

可投产后的头两年，生产运行并不顺利。由于技术上不很成熟，导致作业不稳定，工人抱怨多，只能想方设法减少损失，安抚工人的情绪。然而他并没有放弃，继续啃硬骨头，直到终于啃下。

"40 多年的经商生涯，'好日子'不到 10%，最多也就是有那么三四年时间，感觉能够喘口气而已。保持警钟长鸣，才会敢于冒险。"回首创业张毓强也是满腹辛酸。

全面发展，领先别人 5 年

当前全球经济不景气，企业间的竞争又十分残酷，中国巨石却逆风飞扬，取得了骄人战绩。那么，巨石成功的基因和秘诀在哪里？张毓强坦言："没有什么秘诀，也没有什么偶然性，往大了说就是转型升级、结构调整，简单地说就是我们的困难出现在别人之前，所以走出困境也在别人之前。"

这里的困难指的是 2009 年的全球金融危机，当时正值中国玻璃纤维工业高速发展达到顶峰期，问题的严峻性可想而知。那时的中国巨石已经率先行动，开始进行整合。为什么率先行动，用张毓

中国巨石络纱生产线

强自己的话说，"因为已经出现了像当今的水泥行业一样的情况，都是被逼出来的。""通过一系列的转型升级、结构调整，中国巨石无论是在规模还是在技术创新上，无论是在管理精细还是降本增效上，都取得了骄人成绩。"

　　"产量、规模不是最重要的，但也是十分重要的衡量指标。我们今天讲的中国巨石全球第一，这其中的内涵无论从技术层面、管理层面，还是管理质量层面、产品成本层面，都已经发生了根本的变化。"说到这里，张毓强用三个反问给出了佐证："比如说去玻璃纤维的发源地美国投资，如果自身环保问题没有解决，我们敢到美国吗？如果巨石生产效率低下，我们能走出去吗？如果我们的产品质量无法适应客户的需求，可以扎根在美国吗？"敢到美国、能到美国、在美国扎下根来，这就意味着中国巨石不是传统意义上的规模第一的企业，而是全方位的。"相信通过实践的检验，最终会有一个很好的答案。"

提到全方位的发展，张毓强说："我们经常用一种与对手对标的方式来查找自身的缺点。公司发展到今天，大家并不只是每天都在总结成功经验，更重要的是放下架子反思仍然存在的问题。"张毓强认为，如果没有发现问题，是因为"没有能力发现问题"，而不是"没有问题"。中国巨石所有的干部员工都有一种紧迫感和忧患意识，正是这种意识，使得中国巨石到目前为止始终伴随着规模扩大而全面持续地提高、成长，"就像是一个德智体美劳全面发展的孩子"。

规模第一、技术先进、队伍优秀、管理精细、执行有力、业绩优良、高质成长是公司追求的发展目标，而管理工作则是支撑企业发展的关键所在，作为全球最大玻纤制造企业的掌门人，张毓强十分注重企业管理工作，通过健全规章制度，完善管理标准，保障企业生产经营的正常进行，并逐步形成了一整套管理标准体系，建立的管理制度有百万字之多。

点石成金，高端技术引潮流

巨石拥有"点石成金"的魔力。一块块大而坚硬的石头，经过一道道工序，出来时已是蚕丝般的玻璃纤维，最细可达 5 微米，只有头发丝的几分之一。但成股后，强度极大，小到电气件、卫浴，大到风能发电的叶片、大飞机制造，都有玻纤的身影。

"'十三五'期间，中国巨石产品一旦调整到位，高端产品比重应该可以达到 80%，甚至 90%。"张毓强说。

高端产品占比如此之高，张毓强作何考虑？底气又何在？

"产能过剩在哪儿？高端需求满足不了，低端产品卖不出去。"张毓强介绍，早在"十二五"之初，中国巨石就注意到产能过剩问题，为了尽龙头企业的行业责任，这几年年年带头控制产能。同时，不断提高自身高端产品占比。比如，2012年中国巨石高端产品比重占到全公司产品的40%，而到了2016年已经达到60%，高端产品比例逐年在提高。

多年来，中国巨石依靠创新战略的推广，通过拿来创新、交流创新、自主创新等方法，在技术研发、产品开发、自主创新能力建设等方面取得了突出的成绩，逐步建立了以自主研发为核心、产学研相结合、技术引进为补充的技术创新体系，不断实现从技术跟随者到技术引领者的蜕变。

目前，中国巨石已经拥有一批具有自主知识产权并达到世界一流水平的核心技术，如大规模玻纤池窑技术，全自动物流输送技术，大漏板技术，专有浸润剂技术，纯氧燃烧技术，E6、E7、E8等一系列高性能玻璃纤维生产技术，使企业形成了较强的核心竞争力，站上了玻纤技术的制高点。

在2016中国国际风电复合材料高峰论坛上，中国巨石首次对外发布自主研发的新一代玻纤产品"E8高模量玻璃纤维"。它是中国巨石在成功开发E7玻璃纤维后，围绕供给侧改革，主动进行产品结构调整，针对高端产品领域全新推出的新产品。

在E系列等具备完全自主知识产权的核心产品背后，是中国巨石的大量核心技术支撑。2016年国家科学技术进步奖励大会上，公司承担的"高性能玻璃纤维低成本大规模生产技术与成套装备开发"项目获得国家科技进步二等奖。2017年年初，中国巨石入选工信部公布的全国首批制造业单项冠军示范（培育）企业名单，成为玻璃纤维行业的单项冠军。公司十分注重自主知识产权建设，截至 2016 年年底，中国巨石累计授权专利 525 项，申请 736 件，其中发明 87 件，包括美国、加拿大、德国、日本、韩国等国际发明专利 9 件。

"行业的变化给技术提出的要求一直在进步，唯有掌握核心技术，才能在激烈的市场竞争中拥有话语权。"张毓强说。

智造升级，撬动转型升级

一个储存能力 85176 个货位的仓储区，日常的操作员工只要 4 个，16 台双伸位堆垛机、400 余台地面输送设备和 4 套触摸式地面人机操作站，通过总控调度系统统一调度分配，实现了货物的自动化存取。这是巨石自动化仓储中心的立体仓储区，通过全面实施"机器换人"，目前已经实现仓库作业的机械化、自动化，大大地提高了工作效率，并解决了储存品种受限的难题。

走进中国巨石，智能元素处处可见。当然，智能化改造，在巨石绝不仅仅停留在某一个工厂或某一个生产流程的智能化，对巨石来说，智能制造是一次全新的顶层设计，更是开启未来发展的一把"金钥匙"。

在巨石的智能展厅，在 360 度全景展示屏前，参观者站在原地便能实时观看拉丝、络纱、检装等玻纤生产作业情况，仿佛置身于生产现场；全息影像技术用三维的方式全方位立体化地将玻璃纤维在高端领域的应用淋漓尽致地展示出来，让参观者真切地感受到巨石产品的"高大上"；在游艇上通过虚拟现实技术实现虚拟与现实的互动，参观者可以乘坐玻纤做的游艇前往巨石的桐乡、九江、成都、埃及、美国生产基地；未来影院里，精灵动画人物将带领大家来到 2050 年的世界，感受玻璃纤维给人类生活带来的翻天覆地的变化。

在参观现场，讲解人员将手上的平板电脑轻轻一点，就可以实现展示厅 360 度大屏和桐乡本部、九江、成都、埃及生产基地的视屏监控，以及 360 度全景影片的切换。几乎每个视频展项的切换，都可以用小小的平板电脑和手机实现。全新的智能展示中心正是公司智能化水平提高的一个具体体现。

"中国巨石通过建设智能制造基地进一步提升玻纤生产技术，转变玻纤生产方式，继续引领玻纤工业的技术革新和产业升级，做行业和时代的弄潮儿。"这是中国建材集团董事长宋志平对中国巨石的殷切希望。

如何将"智能化"与传统产业融合，实现转型升级，这是中国巨石一直以来的追求与思考。1993 年，刚刚成立的巨石定下目标，立志成为全国最大的玻纤企业，开启第一次创业；2004 年，巨石整厂搬迁，显露出玻纤王者的雄心，2008 年全球最大玻纤生产基地建成，中国第一变身全球第一，这是巨石的二次创业；2012 年面对经济危机和贸易壁垒带来的阵痛，日趋成熟的巨石在经济寒冬中吹响转型升级的号角——以"产品高端化、产业集群化、布局国际化、市场全球化"为战略导向，迈出第三次创业的破冰步伐。而这一次，巨石选择以智能升级拥抱"中国制造 2025"作为撬动下一轮发展的新抓手。

"智能制造项目是继国际化之后，公司的又一重大战略，是决定公司未来保持持久领先、全方位领先的一项重要工作。"张毓强分析说，发展智能制造、建设智能工厂既是应对新一轮信息技术革命挑战的内在要求，也是重塑巨石新优势、实现转型升级、抢占产业发展制高点的必然选择，对于中国巨石打造信息技术背景下的新型竞争优势、新型创新能力，都具有重要意义。

正是在这样的战略布局下，2016 年 5 月 28 日，巨石正式启动了其玻纤产业智能制造基地项目。这一基地将严格按照"工业 4.0"的要求进行设计，从玻纤制造的纵向信息物理系统的集成和产品生命周期端到端的整合，以及企业内外横向协同三个维度，全方位利用"互联网 +"、云计算、大数据等信息技术与工业化充分融合，两者相辅相成，实现玻纤智能化、精益化生产，从而进一步引领全球玻纤工业的持续、健康发展。

据介绍，巨石将力争 3 年内完成"智能工厂"建设工作。"届时，

中国巨石中央控制室

在系统里我们将可以对每一条生产线、每一个设备都实现全生命周期的管控，设备异常、故障都能第一时间发现，甚至可以实现远程检修，更重要的是，采购、仓储、生产、销售都能共享数据，各个环节之间也可以更加紧密地配合，提高效率。"中国巨石股份有限公司信息技术部副总经理于亚东介绍说。

根据规划，智能工厂的建设，将使得企业生产效率提高 30%以上，运营成本降低 20% 以上，产品研制周期缩短 30% 以上，产品不良品率降低 20% 以上，能源利用率提高 20% 以上。

其实，在智能制造领域，巨石谋划已久，也有着良好的发展基础，可以说已经是嘉兴乃至全省企业的领跑者。

早在 2006 年，建成全球最大的第一条池窑拉丝生产线之时，巨石就在新建成的生产线上运用了全自动物流输送技术，大大减轻了工作的劳动强度，显著提升了劳动效率。

在尝到了自动化带来的甜头之后，中国巨石继续将"机器换人"工作推向深入，在 2008 年开始着手建设"两化融合"工程，探索智能生产。2016 年 4 月，中国巨石也成功通过工信部评审，获得"高效集中采购能力""两化融合"管理体系贯标认证证书，成为目前嘉兴地区唯一通过国家"两化融合"管理体系贯标认证的企业。2017 年，中国巨石玻璃纤维智能制造项目被评为国家工信部智能制造试点示范项目。

从机器换人到两化融合，再到智能工厂，在用"智造"升级制造的路上，巨石正越走越快。

布局全球，一步跨越太平洋

中国巨石的国际化发展之路始于 1995 年。

"初期的'走出去'是单纯的产品走出去，目的是利用国外巨大的市场扩大销售，创造利润。"张毓强说。

不过，随着产品走出去倒逼的产品质量提升和生产技术改进，以及公司出口数量的不断提升和对国际玻纤生产竞争对手的威胁提升，欧洲玻纤巨头们开始了对中国玻纤的反倾销诉讼"抵抗"。

2011 年，欧盟委员会作出终裁：对中国进口的玻璃纤维粗纱、短切纱产品征收 24.8% 的惩罚性关税。这也是继土耳其、印度之后，西方玻纤跨国巨头针对中国玻纤产业发动的第三轮贸易大战。"加上原先 7% 的进口关税，总计要缴纳高达 31.8% 的进口关税。"

巨石开始思考：把工厂建到国外，以巨石国外工厂产品供应国外客户。

2011 年年底，巨石决定在埃及建立玻纤生产基地，经过五年的建设，巨石埃及年产 20 万吨玻纤生产基地已经全面建成。"埃及公司生产的产品主要供应欧盟市场，以及周边的土耳其、中东和北非市场，产销率超过 100%。"据张毓强介绍，截至 2016 年年底，累计实现销售收入 15.45 亿元，缴纳税收 970 万元，直接解决当地就业 1900 余人。

"埃及项目只是巨石走向世界的重要一步，现在我们还在加紧研究东欧、东南亚等国家的投资环境和经济政策，并会在时机成熟时启动新的海外项目，探索出一条'工厂在海外，收益在家乡，资源用境外，回报在国内'的跨国企业发展之路。"

2014年，中国巨石剑指埃及，投资2.23亿美元建设8万吨玻纤项目。这是我国在海外建设的首条大型玻纤生产线，填补了北非地区玻璃纤维生产的空白。

2016年，中国巨石在美国投资3亿美元建设年产8万吨池窑拉丝生产线。为什么去美国？在选择投资美国之前，中国巨石做了大量的投资调研、分析和对比。美国不但是玻璃纤维的发源地，也是全球最大的玻纤生产国和消费国之一，更是中国巨石最大的海外市场。同时，美国在全球玻纤工业产业化水平最高、市场领域最广、人才资源最丰富。此外，美国拥有丰富优质的能源资源、矿产资源。

"当前，加上海运费和关税，中国生产的玻纤出口到美国，成本几乎和美国本土生产的产品持平。在美国制造业回归政策的影响下，土地成本、能源成本也较低，加上优惠的财税政策、健全的政府培训政策等，现在美国唯一比中国高的就是人工成本。"中国巨石科技管理部总经理顾桂江给记者算了一笔账。

同时，在美国投资建厂也是中国巨石进一步国际化，充分参与国际竞争的需要。美国拥有全球最发达的玻纤产品下游应用市场和丰富的高端玻纤研发、生产、管理人才，直接面对市场也将有利于促进产品研发。"我们希望发挥美国先进的生产技术、管理方式、产品研发等优势，与国内形成协同效应。"巨石发展战略部资深总经理赵军表示。

早年巨石产品刚进入美国市场时，客户问"为什么要买中国巨石的产品"，如今悄然变成"为什么不买中国巨石的产品"。一字之差，既反映出中国巨石耕耘美国市场的艰辛，又表明目前中国巨石品牌已经在美国生根发芽。"这让我们感到，去美国投资办厂，是时候了。"张毓强说。

"经过多年发展，中国巨石深感'以国内资源供应国外市场'的老路子走不通了，眼下只有走出去，将国外的人才、土地、能源等资源为'我'所用，为企业的持续发展寻找新的出路。在美国建厂，就是为了做到市场前移、研发前移、人才前引。"张毓强反复强调说。

从单纯将国内生产基地的产品卖到国外市场，到玻纤产能的战略转移，近年来，中国巨石走出一条将海外生产基地生产的产品直接销售到国外市场的新路，实现"以外供外"的新盈利模式。

"面对世界经济多重风险和挑战，习主席精准地开出药方：'建设开放型世界经济，继续推动贸易和投资自由化便利化。'这一点，给予了我们先行一步走出去的中国企业极大的鼓舞。"张毓强信心十足地表示，近年来，中国巨石坚定不移地实施走出去发展战略，进一步深入参与全球价值链和国际市场分工，敢于融入世界。在与国际贸易伙伴的合作中，也为当地经济发展作出贡献，真正做到了与当地互利共赢。习主席说，"一个行动胜过一打纲领。"下一步，中国巨石将继续"大踏步走出去，坚定地走下去，健康地走回来"。

第十八篇
双箭股份：爱拼才会赢

秦　伟

　　一位澳大利亚商人深谙一句中国话：不怕不识货，只怕货比货！为了弄清楚中国生产的橡胶传输带到底够不够好，他在两台机器上装上了两条不同品牌、相同规格的传输带。一条是世界500强某著名品牌，另一条是中国嘉兴产的"双箭"。"一试就是两年多。""双箭"的老总暗自叫苦，"当初为了让人家见识双箭的品质，优惠提供给他做比较，这下可好，比了两年分不出高下，第二笔生意不知要等到什么时候。"

　　能与世界500强同台竞技，"不分上下"，这家地处小镇的民营企业有何能耐？

　　"企业发展要拥有敢拼、会拼的精神，还要学会智拼，用科技创新的手段武装到每一个环节，使企业在国内外竞争中立于优势地位，进一步走上良性发展之路。"这是浙江双箭橡胶股份有限公司（以下简称"双箭"）董事长沈耿亮的自我肯定，也是对双箭成功最好的诠释。

敢拼，成就全球"橡胶输送带大王"

时间回溯至 20 世纪 80 年代，改革之风吹动长三角开放。1985年，桐乡被列入开放地区，乡镇企业如雨后春笋般"生长"。

1986 年，双箭在嘉兴桐乡晚村乡成立，原名为"桐乡晚福塑胶制品厂"。公司地处浙江省北部桐乡市重镇洲泉，距离上海 160公里、杭州 60 公里，南临沪杭甬高速公路，西接杭宁高速公路，申嘉湖杭横穿而过，地理位置得天独厚。

艰苦奋斗是企业生存发展的必由之路，这句话在双箭的发展历程上体现得淋漓尽致。"几间简易厂房、30 个工人，加上简陋设备，就是工厂的全部了。"沈耿亮回忆道，那时的产品是橡胶鞋底、闸皮、胶套、密封圈之类的橡胶小杂件，附加值很低，年销售收入不足30 万元，连年亏损。

1989 年 7 月，由于市场变化，产品积压，出现了资不抵债的局面，企业濒临倒

双箭股份

闭。面对"烂摊子",无人敢挑,乡里想到了公开竞聘,双箭开始了第一次体制改革。正是这次公开竞聘,给了沈耿亮一个机会,也给了双箭一个机会。时任销售员的沈耿亮和几个年轻人挺身而出、勇挑重担,接手这个"烫手山芋",承包了这家企业。

从此,沈耿亮带领大伙儿开启了一场新的征程。

敢公开竞聘,并不是一时头脑发热,而是源于沈耿亮多年跑市场积累的经验。在销售过程中,他发现市场上对橡胶输送带的需求非常大,而企业现有的设备通过改造能投入输送带的生产。"当时,处于鼎盛期的砖瓦业需要输送带,需求与市场往往是对等的。"沈耿亮看到了市场的前景,果断决定转产橡胶输送带。这一步,拯救了这家乡办小厂。

万事开头难,"改造"并不是一件简单事,当时的输送带都是一些大型国有企业在生产。一家濒临破产的乡镇企业,一无资金、二无技术、三无人才,虽说同样是橡胶制品,但从生产橡胶鞋底到生产橡胶输送带,其中的工艺差别可谓天壤之别。

为了早日"改造"成功,生产出橡胶输送带,企业从上海聘请"星期日工程师"。功夫不负有心人,橡胶输送带项目正式上马。没想到,第一年企业就扭亏为盈,产生 30 万元的利润。

当时生产的橡胶输送带,可以说是最低端的产品,但 20 世纪80 年代末 90 年代初,桐乡正是砖瓦厂、水泥厂遍地开花的年代,正是这些企业对橡胶输送带的需求量非常大,适销对路的产品使得企业年收入的"雪球"越滚越大。

迈过这个坎,也让沈耿亮深深地领悟到,"一个企业要生存、要发展,必须有适销对路、质量过硬的产品。"

追寻"双箭"发展的轨迹,不难发现,不畏艰苦、敢于拼搏的精神意志伴随左右。

且看"双箭"成长之路：

1989年，第一次体制改革，转产橡胶输送带，企业扭亏为盈；

1990年，更名为桐乡橡胶制品厂；

1992年，趁着改革的春风，开始进军周边市场；

1993年，与上海一家企业合作，共同研发，开拓市场，为新产品开发奠定基础；

1994年，为了走外向型经济道路，与港商合资，成立了子公司"桐乡双箭胶带有限公司"，成功上马输送带生产线，赢得了大电厂、大矿场的认可，在市场上声誉鹊起；

1995年，正式更名为"桐乡市双箭集团有限责任公司"；

1998年，第二次体制改革，虽然这次改制依然保留了集体30%的股份，但对企业来说，自主发展的环境宽松了许多，企业拥有了真正自主权；

2001年，第三次体制改革，实施了股份制改造，正式转为民营企业。股份制改造后，正式更名为"浙江双箭橡胶股份有限公司"。

……

一个关于橡胶输送带的蓝图，在沈耿亮的心里从模糊到清晰，勾勒出产业未来的模样。

智拼，创新是发展的核心轴线

科学技术是第一生产力，"双箭"用行动对这句话做了生动的诠释。从早期的棉帆布输送带到尼龙布输送带，从聚酯输送带到钢

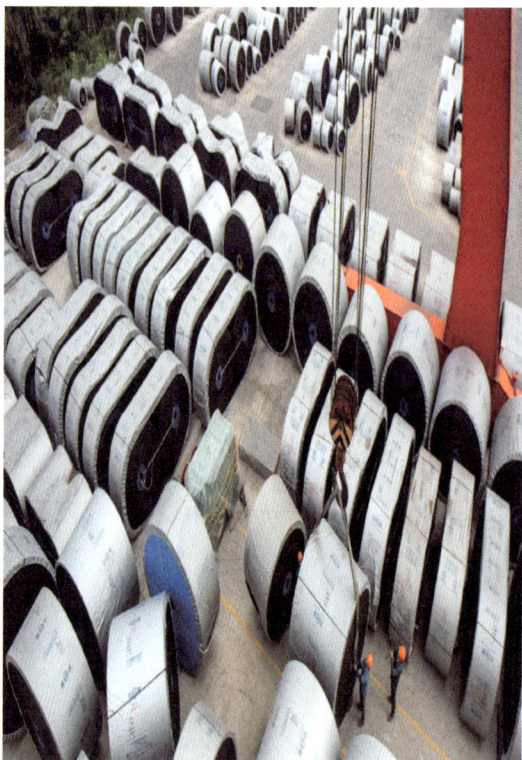

双箭股份产品

丝绳输送带。多年来，双箭始终把新产品开发、技术创新、产品结构优化、产品品质提升作为重中之重，实施产品多元化经营战略。

"别看是一条光溜溜的输送带，里面的学问可大着呢。"沈耿亮说，正因为如此，在双箭发展的过程中，科技创新和新产品开发始终成为企业的一张王牌。

在双箭，技术创新不胜枚举。"创新—运用创新—再创新—再运用，这是'双箭股份'发展的核心轴线。"沈耿亮坦言，创新，提高了双箭在市场竞争中的应变能力，创新，让双箭成为全国第一。

我们把目光回到1997年，那是双箭发展的一道"分水岭"。

之前，双箭依附于上海某橡胶企业，专门为青岛第六橡胶公司生产低端的橡胶传输带。这一年，双方的合作产生分歧，这家企业撤出双箭，同时撤走的还有订单、技术团队和销售渠道，双箭一下陷入前所未有的困境。

"当时双方的分歧在于是否需要加大研发投入，进行技术革新。"沈耿亮是个有野心的人，他不甘心一直依靠来料加工式的低水平企业运作。沈耿亮的强硬态度，直接把双箭逼入绝境。

1997 年的上半年，双箭的生产规模、销售规模都陷入历史最低谷，所有人都急红了眼，公司前途未卜。只有沈耿亮不动声色，就在大家不知老总肚子里卖什么药，议论纷纷时，沈耿亮打出了一张王牌——原来，他早已委托青岛化工学院（现青岛科技大学）开发了一种耐磨耐高温的新型橡胶材料。

和其他企业的产品相比，这是一种很普通的材料，这种新产品只是把耐磨度提高了几个百分点。但就是这几个百分点，挽救了崩溃边缘的双箭，新产品成功进入钢铁行业，源源不断的订单使得双箭在橡胶输送带市场再次大放异彩。

双箭尝到了"新"产品的甜头。

"1997 年的成功让我明白，技术创新是企业发展的根本，而创新的第一步就是要引进人才。"沈耿亮回忆说，经过两年的蓄势待发，双箭一次性招聘了青岛科技大学 7 名高才生，并且与青岛科技大学"联姻"，建立更密切、更深层次的合作。公司每年派出技术骨干到科大进行培训，聘请科大的教授到公司实地举办学习班，对中层干部和技术骨干进行橡胶机械、橡胶工艺原理的培训。并通过青岛科大，与国内权威的青岛橡胶工业研究所建立了长期合作关系。2004 年 1 月 7 日，双箭与上海橡胶制品研究所联合成立了上海橡胶制品研究双箭分所。

从 2000 年以后，双箭几乎以每年翻一番的产值高速发展，这背后，每次的跃进都跟技术革新有关。

为了适应橡胶传输带最大的客户群——冶金、化工行业的需要，双箭的技术团队成功开发了耐高温、高耐寒传输带，把脆弱的橡胶耐温范围扩大为零下 60℃到 250℃，而目前国内普遍的技术只能把最高温度控制在 180℃左右。与一般产品相比，使用高耐磨节能型橡胶输送带可节电 20% 以上。该产品技术含量高，研制难度大，属于国内空白、国际领先，具有很好的发展前景。因此，一经投放市场就在冶金、港口、电力等领域撕开了新缺口。"有了自己的技术团队，公司就能一直适应着社会的需求而发展。"沈耿亮说。

更值得一提的是，与煤炭科学研究院上海分院合作，联合开发了煤矿用的阻燃钢丝绳芯输送带，成功打破了国内同类产品长期依赖进口的局面，高技术含量也带来了高附加值。"很多矿难发生后，橡胶传输带会成为致命火种和有毒气体的来源，阻燃传输带可以很好地解决这个问题。"沈耿亮介绍。

可以说，双箭的成功逆袭并非偶然，是其专注实业、勇于创新的集中式爆发。

凭借不断的技术创新，"双箭"在行业内赢得了话语权，成为输送带产品国家和行业标准的主要起草者，目前已主持起草国家标准和行业标准 27 项，取得国家授权专利 86 项。

会拼，打造口口相传的品牌

市场竞争，一靠技术、二靠品牌。在创品牌的路上，双箭走得比较早，早在 2001 年，眼光长远的沈耿亮就为企业注册了"双箭"这个品牌。但真正叫响这个品牌，双箭花了整整十年。

"在创品牌的历程中，我们感到，品牌的建立由两个关键的因素组成，一是品牌的本质，即内在品质；二是品牌的外表，即外包装。二者有机的结合才能形成品牌的知名度、可信度和权威，而两个因素归根结底是'诚信为本'。"沈耿亮对品牌建设也有自己的见解。

在双箭，流传有这样一则故事：在双箭产品打入上海宝钢之前，上海宝钢在主要生产设备上使用的输送带都是进口的，意外的是这种进口的输送带，却是日本一家贸易公司从双箭购买、贴牌后再转卖给宝钢的。知道真相后，宝钢抱着"试试看"的心态，先购买了一部分双箭产品进行试用。

"事实胜于雄辩。现在，宝钢的生产设备大部分用上了双箭生产的输送带，一年的销售量达几千万元。"沈耿亮非常自豪，"我们是真金不怕火炼！"正是凭借对产品品质的执着追求，双箭在市场竞争中站稳了脚跟。

"这也得益于多年来我们根据自己的具体情况，确定了不同阶段的目标规划和可行性实施步骤。把强化质量管理作为培育品牌的基础，注重在质量管理上下功夫。"沈耿亮介绍，"为不断提高产品档次，我们积极推行科学化管理、强化质量意识，严格按现代企业制度的管理要求、方法对产品质量进行'全员、全方位、全过程'的管理。"

有了钢铁龙头上海宝钢的良好口碑，公司又成功吸引了首钢、沙钢等国内钢铁行业知名企业。有了抓龙头大牌客户的经验，公司又通过宁波北仑港、中国五大电力公司、南方水泥、海螺水泥、神华集团等龙头企业，逐步进入了港口、电力、水泥、煤炭等行业的国家重点工程中，实现了从低端品牌市场向中高端品牌市场的完美转型。

"产品升级以后是市场的升级！"沈耿亮的目标是从"国内领先"迈向"国际领先"。为更好地适应市场环境的变化，双箭确立了"整合营销资源、加快向服务型企业转变"的经营思路，不断整合营销资源，于 2012 年 2 月设立了全资子公司——浙江双箭橡胶销售有限公司（以下简称"销售公司"），目前销售公司共有员工 120 人，设有国内市场部和国际市场部，产品销往世界各地。

销售公司着重做好市场调研，加强核心客户管理，研究市场的动态需求，销售公司成立后从加强营销服务入手，建立了一支良好的输送带营销队伍和销售网络，在全国所有的省、自治区、直辖市设立了销售网络，并延伸到了世界矿产密集区，如澳洲、南非、巴西等地，和行业的一大批国际著名企业建立了战略合作伙伴关系，如力拓、必和必拓、美卓、淡水河谷、英美资源等，为客户提供及时高效的服务，通过提升营销服务，扩大了双箭输送带的市场份额。

"公司 1998 年首次出口创汇 3000 美元，实现了出口创汇零的突破，到 2007 年外贸出口达到 3000 万美元，十年时间外贸出口实现了一万倍的突破。2010 年被澳大利亚力拓公司评为合格供应商。2011 年被澳大利亚必和必拓

双箭股份科研大楼

评为合格供应商。2015 年承接了乌兹别克斯坦国家'一带一路'项目。"沈耿亮介绍，"为了进一步发展海外市场，2015 年我们已与澳大利亚 ICON 公司完成股权 60% 收购协议，更大力度地拓展产品海外市场。"

通过不断的发展壮大，双箭在国内市场上占据了领先地位。双箭与国外的知名企业合作，借助国外知名企业的影响力作为突破口，通过定点生产的形式拓展国际市场。"我们与日本阪东公司建立了合作关系，通过与国际著名品牌输送带企业合作，公司的产品技术、生产工艺、管理水平得到了较好的提升，产品性价比优势在国际上越来越明显。"沈耿亮表示，"近年来，公司输送带产品出口量稳定在公司总产量的 30% 左右，且一直稳居国内同行业出口量第一位。"

长期以来，通过品牌建设和品牌体系的建立，在企业内全方位开展品牌培育、建设，品牌效应明显提升。2007 年，"双箭"牌高强力输送带被国家质检总局认定为"中国名牌产品"。2012 年，"双箭"商标被国家工商总局认定为"中国驰名商标"。2015 年，双箭股份被工信部认定为全国工业品牌培育示范企业。2016 年双箭股份"钢丝绳芯管状输送带"获得"浙江制造"的国际、国内双认证。

爱拼，桐乡"第一股"诞生记

"桐乡也有自己的上市公司啦！"

2010 年 4 月 2 日，在嘉兴桐乡工业经济的发展史上是个极不平凡的日子。伴随着开市宝钟的敲响，上午 9 时 30 分，浙江双箭橡胶股份有限公司正式在深圳证券交易所中小板挂牌上市，桐乡

"第一股"——双箭股份正式诞生。

在上市前的 2008 年、2009 年，"双箭"输送带的产量分别为 2121.42 万平方米、2114.54 万平方米，均居中国输送带行业第 2 名。尽管在全国输送带行业中，双箭股份无论是生产规模，还是经济效益、出口量均是内资企业中的"NO.1"，但显然，双箭对目前的成绩并不满足。"双箭股份的上市，将使公司进入到一个更大的舞台，也将迎来一个更大的发展空间。"

回忆上市，沈耿亮似乎"蓄谋已久"，"早在 2001 年，双箭进行第三次体制改革，由一家乡镇企业正式转制为民营企业，正式更名为'浙江双箭橡胶股份有限公司'。也正是这一次的转身，提前为双箭上市打下了基础。"

为有效解决融资问题，促进企业走上规范化轨道，以谋求更大的发展空间、更快的发展速度。2004 年 9 月 8 日，双箭正式启动上市战略，在桐乡率先走上了上市融资的道路。

说起当时所作的决策，沈耿亮自己也认为，走的是一步"险棋"。因为从上市企业必备的几个条件来看，当时企业上市的条件并不成熟。"上市的过程本身就是一个提高的过程，走过这个过程，相信企业一定会成熟很多。"

于是，引进人才、组建团队、规范管理、上市辅导等，一系列工作进行得有条不紊。2008 年 3 月，企业向证监会上报材料。按照计划，在 2008 年 7 月至 8 月就能顺利"过会"，孰料遭逢 A 股历史性暴跌及随后证监会暂停股票上市步伐，企业的上市申请也就不得不被搁置下来。

2009 年，随着股市整体平稳上行，在有利的市场大环境下，证监会于 6 月份重启首次公开募股，企业的上市进程再次被激活。

11 月 9 日，双箭股份正式"过会"。一起"过会"的还有其他几家企业，大家就在忐忑地等待中。而真正等到"过会"出来，等待结果时，沈耿亮反而轻松地开起了玩笑："反正我们有一枪，瞄准目标放了，打不打得到鸟就看结果吧。"

在首发申请通过的那一刻，在场所有人员都激动不已。"走了那么多年，终于迈出了成功的一步。"

此后的整个上市流程非常顺利。2010 年 3 月 15 日，双箭股份顺利拿到中国证券监督管理委员会批文；3 月 24 日，首次公开发行 2000 万股 A 股，发行价每股 32 元，成功募集资金 6.4 亿元。

4 月 2 日，双箭股份 9 时 30 分起在深圳证券交易所上市交易，正式登陆资本市场。

企业发展壮大了，但沈耿亮没有停滞不前，而是进行更深入的探索。"双箭已接近发展的瓶颈，想要在同样的规模之上，创造出更多的产量，显然有些力不从心。"沈耿亮说，企业必须面对新一轮的改革和挑战。

对此，沈耿亮表示，在实现上市、冲破年产值 10 亿元大关后，开始更清晰地审视公司，并给出了明确的战略目标：做输送带行业的国际领先者。

于是，2014 年，沈耿亮不惜重金，聘请日本管理团队，从生产工艺改进、技术改造等多渠道，对双箭股份开启了一场全方位的改造、创新。

压延、成型生产效率提高 30%，硫化时间提高 10% 以上；压延工序下降 30%，成型工序回料率下降 30%，硫化工序回料率下降 10%……这是日本团队进驻后第一年的成绩单。产品正品率明显提高，生产成本特别是能耗、材料消耗得到了进一步降低，大大提升了企业经济效益。

　　"接下来，我们要做的就是不断巩固国内市场，并积极拓展国际市场，以振兴民族工业为己任，从国内领先向国际领先跨越，全力打造国际输送带行业著名品牌。"沈耿亮的话掷地有声！

第十九篇
华友钴业：为每一次变革做好准备

陈　曦

在非洲刚果（金），大片大片的土地在荒芜着。然而，有一个地方却是机器轰鸣，人头攒动，忙碌非凡。这是一片矿区，工人们正忙着挖矿、运输，其中有几张中国面孔，但更多的是当地非裔居民。

这就是浙江华友钴业股份有限公司（以下简称"华友钴业"）在刚果（金）加丹加省的钴资源开发基地。

把握产业脉搏　契合产业机遇

进入钴产品这个行业，起源于华友钴业董事长陈雪华20多年前的第一次创业。

1994年，30多岁的陈雪华创建了桐乡华兴化工实业有限公司，生产的产品是氧化镍和氧化钴。当时，公司的产品大部分应用在搪瓷行业。前3年公司以小作坊的形式按部就班地经营着。然而20

世纪90年代末正是塑料制品替代搪瓷产品的时期，搪瓷行业的萎缩使得公司经营日渐拮据，不得不寻求其他出路。

2000年，陈雪华发现镍的深加工可以应用到陶瓷产品上。这时，房地产行业的崛起带动了建材行业如瓷砖生产等的迅速发展。陈雪华决定通过深加工升级产品，在更大的产业中寻求机会。

秉承着"既然选择这个行业，就要热爱这个行业；要么不做，要做就做第一"的事业初心，华兴化工实业有限公司聘用外部技术人员设计、完善工艺流程，终于成功生产出了产品。

有了技术和市场，原料却成了问题。当时，矿业的原料实行国家配给制度，大部分企业只能通过回收废料提纯获得原料。这种情况给陈雪华敲响了一记警钟：这个行业中原料、技术、市场缺一不可，而三者之中，原料是基础。

如今华友钴业取得的"钴产品的产能规模世界第一"的成绩离不开初创时技术、人才和管理能力的储备。

"华友钴业快速发展的一大原因就是我们选择了一个好产业，

过去是好的、现在是好的、未来会变得更好。"陈雪华如是说。

1999 年，锂电池产业化。相较于镍氢、镍镉电池等，锂电池在循环寿命、能量密度、性价比等方面都远远胜出，因此锂离子电池获得了快速应用。钴酸锂由于能量密度和安全性等综合性能优异成为锂离子电池中使用量最大的正极材料。从 2000 年开始，全球消费电子行业迎来了长达 10 年的高速增长时期，对锂电池的需求量大幅增加，带来了对钴需求的不断增长。

2000 年之前，中国的钴行业十分弱小，如今中国已是最大的钴工业基地。行业的快速发展，也让当时的华兴尝到了甜头。2000年初夏的一天，华兴的湿法冶炼项目获得了成功，产出了第一槽大约 350 公斤金属量的碳酸钴。当时华兴的计划是每月 5 吨的产量。没想到，3 个月后就变得供不应求。陈雪华立即带着大家搞技术改造，用"一拖二"的方式把产能提高到每月 15 吨，而市场上的钴需求量还在增长。

2002 年，伴随着消费类电子对钴需求的快速增长，陈雪华合资创立了浙江华友钴镍材料有限公司（华友钴业前身），站在了一个新的起点。

市场有了，但是公司仍面临同样的重要问题：原料从哪里来？

华友钴业与其他业内企业一样，着实过了一段"面粉比面包贵"的日子。困难时期就是行业洗牌时期，最多的时候，中国大陆地区有三四十家钴行业企业，现在只剩下五六家。小的、没有资源优势的企业被洗掉了。

中国是一个贫钴国家，国内钴资源储量占全球总量的比例仅为 1.11%，且钴矿品位较低，钴资源 90% 依赖进口。中国钴行业的基本特征是：资源在国外和产品的国际化。钴行业公司面对的情况比许多其他行业公司要复杂得多。

回顾华友钴业几次重大的、关键的抉择：钴的化学品从玻璃搪瓷、磁性材料的应用，到硬质合金、橡胶轮胎行业的应用拓展，之后又转型到消费类锂电池材料行业，现在又在向"两新"产业转型，每一次转型都极大地提升了华友的竞争力、把华友推上一个新的高度。这在于华友钴业把准了产业脉搏、踩准了时代节拍。

走进非洲　向产业链前端延伸

陈雪华深知，在这样的行业中发展应该努力增强自身实力，把行业周期性波动对公司的影响降到最低。一般的路径有两条：一是企业要与时俱进，让自己的产业结构、产品结构适应消费结构的变化；二是做强做大，做到行业的前三名。小舢板与航空母舰的承受力和抗风险能力是不一样的。

做到这两点，都要求企业掌握资源源头。

于是，2006 年，成立 4 年的华友钴业作出了一个惊人的决定——到非洲购买矿山。根据美国地质调查局（USGS）2015 年的数据，全球已探明钴的资源储量 716 万吨，储量高度集中在刚果（金）、澳大利亚和古巴，三地储量之和就占了全球总储量的69.8%，特别是刚果（金）钴储量极为丰富，高达 340 万吨，居世界第一位。

董事长陈雪华初提这个方案的时候，参会的其他企业高层还有些难以置信。在当时，虽然企业走出去已经不算是新鲜事，但毕竟去非洲的企业还是少数。

有人提出异议：这一步是不是迈得太大了。陈雪华说："控制不了源头，就控制不了结局。"他坚持必须自己有资源，否则没有自主权，更没有话语权。

其实，早在 2003 年，陈雪华就已经开始考察非洲了。刚果（金）是全世界最贫穷的国家之一，生产配套能力几乎没有，可以说，除了矿产资源，那里什么都没有，甚至都没有路。陈雪华介绍非洲的矿藏情况时说，在我国含量 0.3% 就达到开采标准了，刚果（金）1% 以下的都不开发，甚至用来铺路的矿渣的含量都达到 2% 以上。

巨大的矿产潜力与落后的生产条件形成鲜明的对比，虽然看到前方就是"金矿"，但是走过去机关重重、危机四伏，一旦有所差池，损失巨大。几经考虑，陈雪华知道钴矿资源对于公司的意义重大，所以他毅然决定走出这一步险棋。

2006 年，华友钴业投资非洲创立全资子公司。

投资非洲之后，华友钴业迅速把资源优势化为产业发展优势。经过 10 多年的苦心经营，华友钴业克服了文化差异、条件艰苦、金融危机等困难，在非洲站住了脚、扎下了根，建起了完整的钴铜矿产资源产业链体系和矿冶一体化经营模式，为公司长远发展奠定了资源基础。

其实，除华友钴业之外，中国企业包括民营企业到刚果（金）投资的还有 30 余家。但是，或因为主观原因或因为客观原因，坚持到最后的竟是少数，华友是其中之一。华友的跨国投资理念是，不把自己当成客人，而是当成主人，切实为当地谋福利。

刚果（金）是联合国粮农组织关注的"世界上最饥饿的国家之一"，70% 的粮食依靠进口。中国有着几千年的农耕经验，华友就充当起了桥梁，把中国的农耕知识传输到刚果（金）。2011 年 1 月，浙大与华友钴业在公司总部所在地桐乡市签署合作协议：由华友钴业出资，在刚果（金）政府的支持下，联合浙大与卢本巴希大学，用 3 至 5 年时间，建立华友—刚果（金）现代农业示范园区，以提升当地农业发展水平，为区域性的粮食、蔬菜自给建设提供示范和保障。6 年过后，该现代农业示范园区拥有了 5000 平方米连栋智能玻璃温室、100 亩连栋大棚、七大产业功能小区和 13 项重点农业工程，基本满足了当地绝大多数中资企业的粮食蔬菜供应，同时，也丰富了非洲当地居民的饮食结构。

2008 年金融危机，钴产品市场价格如自由落体式地跌落，许多外资企业纷纷撤离刚果（金），但华友钴业没有后退，其在刚果（金）的东方国际矿业有限公司（简称 CDM）保持着生产，1000 多名刚籍员工没有一个被辞退。刚果（金）加丹加省省长后来说："我相信的是中国的华友公司，在最困难的时候没有离去。"

陈雪华深有感触地说："这是华友钴业投资哲学的胜利。我们信奉的投资哲学就是到一个地方投资，就要为当地的经济发展作出贡献。"

目前，华友钴业在刚果（金）有两家矿业公司，一家是全资，一家是控股，二者合计，直接控制钴资源 7 万多吨金属量；除了自有矿产资源外，华友钴业更多是采取当地贸易采购的方式，与当地其他矿产公司和矿料贸易商建立长期合作关系。自有矿山加上子公司当地采购，近几年公司钴矿自供能力约为 50%。

由于刚果（金）政府对钴矿原料出口采取限制性措施，钴精矿必须经过初加工后才可获得出口配额。华友钴业第一次在非洲落地时就投资了火法冶炼厂，后期也在扩大产能。

华友钴业在非洲购买原矿，初加工后运到国内深加工，其成本比其他企业降低了1/4，大大提高了产品四氧化三钴的市场竞争力。

矿冶一体化　把资源优势化为产业发展优势

华友钴业掌握了资源源头后，通过控制矿山资源实现资源保障、成本优势、协同发展，为做强一体化奠定资源基础；通过资源优势、技术优势转化为产业优势和发展优势，进一步打造中国钴产业先进制造基地。

2012年，"衢州华友钴新材料有限公司"在浙江衢州高新园区开工建设，实现了公司钴产品制造能力从千吨级向万吨级的巨大跨越。

2015年，华友钴业成功上市，产融结合、跨越发展，实现了公司从产品市场向资本市场的成功跨越。

现在，华友钴业在非洲、衢州的投入开始产出，制造能力大幅提升，产品结构持续优化，销售收入稳步增长，资本市场取得重大突破，产业协同、产融结合的优势开始凸现，行业地位、经营基础更加稳固，公司发展潜力越来越大。

2017年，华友继续增资刚果（金）子公司卡松波矿业简易股份有限公司（简称MIKAS公司）6516万美元，建设年产4000吨粗制氢氧化钴、10000吨电积铜项目，该项目预计将于2018年上半年建成投产。这次投资有利于华友钴业进一步整合利用当地资源，提升原料自给率，为国内钴冶炼产能的充分释放和锂电新能源材料产业的发展提供资源保障。

一直以来，华友钴业注重速度，原因之一是钴产品价格瞬息万变，从2016年年中到2017年年中，长江电解钴的价格从不足20

万元／吨，涨到突破 40 万元／吨，仅仅一年的时间价格翻番。在这样的行业中，如果不随时做好应变的准备，后果不堪设想。

围绕战略定位抢速度、抢布局、抢占发展空间，华友钴业有准备地向矿冶一体化模式转型，形成上游有资源保障，中间有冶炼产业规模，下游有新材料制造的通畅发展线路。

资源源头方面，按照供给、成本优势协同发展，为做强一体化奠定资源基础，实施资源控制战略，获取可持续的钴资源，进一步完善钴矿供应链。加工环节要创建资源节约、环境友好、效益领先的行业标杆的定位，在先进制造、品质制造、绿色制造上下功夫，进一步巩固和提升公司在国内和国际钴行业中的地位。

"华友钴业产业一体化经营模式是许多业内同行所不具有的，这使得我们抢抓市场机遇比别人有了更多的优势。"陈雪华说。

二次创业　聚焦新能源产业

"我们不可能等万事俱备了再借东风，不能等公司的能力超强了再去发展，因为时间不等人、空间不等人。另一方面，高速公路上开拖拉机是不行的，我们起码先要把拖拉机换成奥拓、再把奥拓换成奥迪，换车的过程就是提升公司能力的过程。"

回顾华友钴业过去的发展之路，就是一个不断求新、转型的过程。20 多年前，搪瓷杯子、热水瓶和脸盆之类的商品是结婚时的必备品，逐渐地搪瓷制品被塑料制品和不锈钢制品替代。这期间，折射出产业需求的变化，也要求企业必须随之而变。"因为整个社会的消费结构在变、消费需求在变，所以我们不能以产品为中心，而是要以客户为中心。"陈雪华认为，"不管在哪个阶

华友钴业产品之一——电钴

段，我们都是在与时俱进地改变自己。"

于是，华友钴业又转型到锂离子电池材料行业，并称之为二次创业。

近年来，在新能源汽车、无人机、机器人等新兴产业的拉动下，特别是新能源汽车产业的强势崛起，刺激了钴行业下游的动力电池领域投资剧增。

计算机、通信和电子产品的电池一般使用钴酸锂做正极材料，钴占整个钴酸锂正极材料的比重为60%，而后起之秀的三元正极材料钴占比仅为10%—25%，钴的占比大大下降。实际上即便钴酸锂电池钴占比比较大，但因为每块电池使用钴10克左右，导致消费量并不大。然而一块电动车车用电池钴的含量可达到几千克到十几千克，钴在电动车中的用量十分可观。

在 2014 年到 2016 年，全球钴产量仅从 9.55 万吨增长到 10.16 万吨。随着电动汽车的加速普及，对钴的需求会大大增加。

成百上千亿的资金涌向新能源汽车产业，甚至相当部分以产业园区的形态出现。这是一个产业起步时的景象，也是这个产业格局尚未成型的表现。正因为还没有成型，还有机会。

面对这样的机遇与挑战，尽管已经成为业内领军企业，但是华友钴业丝毫不敢放松，甚至比从前更紧张。陈雪华说："时间不等人，空间不等人。时间不等人，是锂电新能源材料行业的发展速度越来越快；空间不等人，是别人都在快速布局抢占产业的发展空间。"

华友钴业新能源板块按照快速发展、高端突破、效益导向，抢占锂电新能源材料制高点的定位，把"速度第一、技术第一、质量第一、成本第一"的要求落在实处。

华友钴业的"十三五"发展战略把产业愿景从原来的"成为全球钴行业领先者"转变为"成为全球锂电新能源材料行业领导者"，这个转变意味着公司的产业要向锂电新能源材料领域转型，以三元前驱体以及规划中的正极材料拓展公司的产业链，带动公司钴产品和钴矿资源的协同发展。

如今，新能源汽车进入全产业链协同发展的重要时期，锂电新能源又是一个资本、技术、人才的密集型领域，要想在这个领域中脱颖而出，就要做到技术第一、品质第一、速度第一、成本第一。这是一个新的市场，将围绕资本、技术、品质、成本、速度展开激烈的竞争。华友钴业以"四个第一"为目标，全力推进"一个布局、两个突破"："一个布局"是指围绕全球名牌汽车厂商供应链展开客户布局；"两个突破"是要实现产量规模化和产品高端化的突破。

消费电子产品的增长让华友第一次创业成功，而现在，华友钴业在新能源汽车行业寻求二次创业机会。

对于这第二次创业，陈雪华信心十足："无论是从世界工业革命的历史看，还是从一个国家的工业化进程看，新能源、新材料，一定是工业的基础，也一定是经济的基础。目前，钴产业迎来了新能源汽车蓬勃发展的历史性机遇，产业的应用空间不断扩大、发展前景愈加广阔。"

行业是一片光明的，但是打铁还要自身硬，陈雪华也发现，公司发展至今，具备了规模之后就显现出一些弊端，"企业发展速度与驾驭发展能力之间不匹配的矛盾，是当前公司最为迫切、最需要花大力气解决的矛盾，我深深地感受到在公司的快速发展中，我们的技术能力、管理水平不适应，管理层的思想理念、工作能力不匹配。"

从创业至今，华友钴业的每一次重大决策都是在做第一个吃螃蟹的人，但是其成功绝不是偶然，因为每一次变革，华友钴业都做好了准备，其中的原因有对市场的敏锐洞察，也有对自身能力的不断塑造。未来，华友钴业将继续提升自身系统协调能力，持续创新，争取占领锂电新能源材料产业制高点，成为国内锂电新能源材料产业领先企业。

第二十篇
蓝特光学：永远早一步的创新者

陈　曦

从光学镀膜，到光学棱镜，到无盲区侧视反光镜，到非球面镜片，再到玻璃平片，浙江蓝特光学股份有限公司（以下简称"蓝特光学"）每一个产品的研发都比其他企业早一步，甚至比市场早一步。

这家光学元器件公司在短短两年时间内就实现了公司销售额增长300%，并且和国际顶尖企业形成了紧密的配套合作关系，这其中最重要的原因，就是对创新的坚持。

创业从创新开始

"我们是一家靠技术起家的企业。"蓝特光学董事长兼总经理徐云明在介绍企业时这样开头。

回顾蓝特光学从一个只有3名员工的小企业起步，到如今的国家高新技术企业，蓝特光学20多年发展历程，是一次次挑战行业高端，不断创新实现自我突破的过程。

1996 年一次偶然的机会中，徐云明听到了一句话："当今科技，电子已经发展到顶了，接下来发展的是光与电的结合。"这句话让当时还是门外汉的他醍醐灌顶。

光学镀膜在当时是一个供不应求的产品，因为国内鲜有掌握此产品技术的企业。而在 20 世纪 90 年代，进口一台光学镀膜机需要1000 万元人民币，这对于兜里只有 50 万元的徐云明而言无疑是天文数字。

想要进入这个领域，又无从获得资金，徐云明只能曲线救国，用国产设备代替进口设备，通过自己钻研突破技术难关。"我当时拿了浙大副校长写的一本《光学薄膜技术》研究了几个月，然后到处找设备。最后在一家兵工厂找到了想要的设备。"徐云明说。

找到设备还只是第一步，徐云明从工程师口中得到的信息是：成功概率只有50%。"我觉得50%就可以了，如果是100%（别人）早就去做了。"

8个月后，蓝特光学成为华东六省一市第一家把光学薄膜做出来的企业，专家也感到震惊。

在蓝特光学进入光学镀膜行业不久，这个行业进入了快速上升期，市场发展快、利润高。但正是因为行业形势大好，门槛不高，所以众多企业涌入，就在两三年的时间里，蓝海变成了红海，行业利润大幅缩减。徐云明回忆："现在这个产品还有人做，现在做一件5毛钱，而当时我们做是10块钱。"

技术研发犹如逆水行舟，不进则退。正是这第一桶金的发掘让徐云明意识到了技术对企业发展的重要性，他认为："技术，在一经开发成功后就不能被叫做新技术了，就要迅速归零，设定更高的目标。"

瞄准金字塔尖

光学棱镜成为蓝特光学的下一个目标。光学镀膜是用物理或化学的方法在材料表面镀上一层透明的电解质膜，或镀一层金属膜，简单而言，就是在材质表面刷漆。而光学棱镜则是要将玻璃制作成特定形状的棱镜。两者相比，制作工艺从涂刷变成了切割、打磨，本质上截然不同。

棱镜制作意味着当时的蓝特光学需要从零开始研究技术。对于一家私企而言，选择一个新领域的赌注很大，当然成功后所带来的收益也更高。

　　棱镜制作对于蓝特光学而言太陌生了，学习机械专业的徐云明作为半个内行人，自己动手带头搞研究。为了节省成本，他想出了用肥皂进行试验的方法，"肥皂弄坏了可以捏捏再用，当时公司、家里都放了好几箱的肥皂。"徐云明说。试验、失败、再试验，千万次地切割、打磨，经过近两年的努力，在徐云明的带领下，蓝特光学的屋脊棱镜终于开发成功，获得国家创新基金及国家火炬计划立项。

　　"我们没有找别人，把在机械加工上的经验运用到光学（棱镜加工）上。"经过 18 个月，在把之前在光学薄膜制造上赚来的钱基本花光后，徐云明和他的团队终于成功完成光学棱镜的制作研发。

　　蓝特光学的棱镜生产战略是："低投入、大批量、高效率。"目前，公司仍在生产该产品，并且维持行业细分领域冠军已有七八年。

　　没有大量的技术投资，没有外聘的技术人才，单单靠公司内部人员就研究成功，这段自主创新的经历从此在蓝特光学的企业文化中深深扎根，也塑造出企业居安思危、敢想敢干的个性。

　　徐云明认为，企业要持久经营必须不断地更新技术，"一个技术型企业可能会生命短暂，原因就是它停止了研发。任何的保护措施比如专利，都不能保障企业的发展，只有不断的技术创新才是最大的保护。"

　　从日渐饱和的传统产品中跳脱出来，转向生产创新型、差异化的产品，是蓝特光学不断转型发展的成功经验。

　　2008 年，蓝特光学在传统光学领域的产品如棱镜等已经成熟，并且取得了较好的市场地位时，企业再次走到了岔路口，到了再次寻找新的增长点的时候。

徐云明在一次出差美国的途中，通过一本杂志发现了下一个项目——汽车反光镜盲区增效镜。

美国交通安全协会发表的一篇文章称，在美国，高速公路上交通事故的发生，60%是因为反光镜盲区导致的，在普通公路上则是40%。这篇文章呼吁专业机构去改善和解决这个问题。

此时的蓝特光学正在寻找下一个产品，也清楚差异化是未来的趋势，但是新产品方向并没有找到。看过这篇文章之后，徐云明当即前往当时世界最大的反光镜生产商加拿大某公司进行深入调研。

其实，该公司为解决汽车反光镜盲区问题已经做了实验，比如电子眼报警等，但是收效甚微。徐云明提出通过光学的方法解决，加拿大公司欣然接受，表示如有可行方案愿意尝试。

技术突破如同解数学题，解出来之后所有人才恍然大悟，但是在答案出来之前真是像无头苍蝇到处乱撞。经过8个月的研究与实验，公司成功研发出拥有5项国家专利的无盲区侧视反光镜，并很快投入生产。该产品一经推出，立即受到市场的欢迎，并获得了美国某著名汽车供应商集团的认可。凭借过硬的技术和产品优势，无盲区侧视反光镜现已广泛应用于福特、通用、丰田等世界知名品牌汽车上，100%出口，每年带来不少于4000万元的销售收入。

蓝特光学一次次科技创新瞄准业内高端，以期形成技术领先优势，非球面镜片就是另一个实例。

相比于球面镜片，在成像上非球面镜片能够减少像差，并减少使用的镜片数量，也给设计（成像系统如镜头等）上带来了更大的自由度。但是如果从成本角度考虑，球面透镜由于容易批量、稳定地制造，因此成本比较低；而非球面透镜制造困难，工艺要求高，成本也高。全球拥有非球面镜片技术的企业不超过10家，国内非球面透镜基本依赖进口。

随着电子科学、互联网等现代科学技术的迅速发展，机器视觉迅速走到了市场前端。机器视觉作为人工智能的核心技术、全球智能的"慧眼"，很大程度上影响着人工智能的进步，无人驾驶汽车、无人机、智能机器人等近期热点中的热点也以机器视觉的发展为前提。镜头是机器视觉最关键的元件之一，系统若想完全发挥其功能，镜头必须要能够满足相应要求。因此，智能化的发展离不开镜头技术的进步。镜头的应用领域越来越广泛，同时对于镜头的成像效果要求也越来越高，高清镜头成为日后市场的主要产品。

在中国的相机行业中，镜头一直是短板，能生产高清镜头的企业更是凤毛麟角，其中重要原因之一便是应用在高清镜头中的非球面镜片这一技术难点的制约。

目前，我国能生产非球面镜片的企业只有寥寥几家，蓝特光学看准了高清镜头市场的巨大潜力，以及非球面镜片制造难度高、准入门槛高的特点，从 2012 年开始把非球面光学玻璃热模压技术作为公司重点研发投入项目。

从光学镀膜到光学棱镜，再到非球面镜片，蓝特光学每一次差异化发展的着力点都选择了业内前沿领域。一直瞄准市场的最高端，这就是蓝特光学的远见与气魄。

蓝特光学刚刚研发出来的玻璃平片产品，在中国国内还没有开始应用，目前主要是海外的大企业在应用。

正如徐云明所说："我们的产品一直是曲高和寡，能用我们产品的公司，也就是金字塔尖上的几家。"

为了能登上金字塔最高端，蓝特光学的技术目标设定越来越高。2016 年，蓝特光学投资了一家以色列的方案设计公司。这一举措徐云明的醉翁之意不在酒，"以色列的公司设计能力很强，他们都是给国际大公司服务的。我投资这个公司也不是为了赚钱或者分红。他们在给外国公司做设计的时候，会涉及光学元器件，希望到时，我作为股东，能提前了解市场。另外，我可以提前做功课，在方案刚通过的时候就把这个产品提前研发出来。如果这个项目继续走下去，我们也比过去快捷很多。这就是把销售阵地前移到方案设计当中。"

国际化视野提升整体能力

无论是非球面镜片还是玻璃平片，蓝特光学的客户均是国外的先进企业。与这样的企业合作，开阔了蓝特光学的视野，也提升了企业的格局。

在与国际超级大公司合作的过程中，徐云明发现，从前自己认为有技术就万事足矣，这时候却行不通了。

从技术和质量角度出发，不论客户提出多么严格的指标和要求，蓝特光学都能达到，而且比客户要求做得更好。但是，客户对于系统性的要求，蓝特光学有些为难。

客户要求生产过程中，每道工序中的每个数据都被采集，最好能形成自动采集，再自动分析，如有问题还能自动报警。

最初，徐云明对于这个与产品本身关系不大的要求并不认可："一开始我接受不了，我觉得产品没问题就可以了。一个产品生产过程中有上千个数据，不会形成记录。我们一直认为产品没问题就行了。"

客户认为蓝特光学的生产程序是靠人的现场管理，而不是靠系统维护，其中有风险存在。现在生产 100 件产品没问题，可日后假如追加订单，产能翻倍甚至翻 10 倍的时候，是否还能保证产品生产周期和质量便存疑了。

对于这个存疑，徐云明没能斩钉截铁地回答。"交流多了，我觉得他们是对的。我们的产品精度没问题，用在高端品牌上也可以。但是，总体上说，整个系统的控制能力相对比较弱。现在看来，发展太快，不一定是好事情。"

徐云明领会到："技术只是企业的一个方面。系统能否建立，能否执行好，以及企业内控机制的建立与执行，是另一个方面。现在我们只能说，目前的进步是技术的驱动基本实现了。将要考验我们的是系统掌控的能力。"

如今在蓝特光学的办公楼内，总留着几间办公室专门为国外客

蓝特光学实验室

户使用，这些客户企业的员工被外派到这里，监督、辅助蓝特光学完善生产体系，通过客户的倒逼，蓝特光学的系统能力有了明显提升。

蓝特光学提升系统能力的过程，正是两化融合的体现：通过信息化和工业化的高层次的深度结合，让电子信息技术广泛应用到工业生产的各个环节，信息化成为工业企业经营管理的常规手段。

项目合伙人制度激励持续创新

经历了股东变动、资金缺乏等困难后，徐云明发现，随着企业的发展，原来的股东很难给公司带来更大的创新，而年轻人有创新能力却没有资金。他说："我认为股份公司是有弊端的。股东的形成是有历史原因的，但是随时间推移和企业的延续，原来的大股东由于年龄增长或工作、生活重心的转移，创新能力开始不足，而企业持续发展不断需要新鲜血液，需要有创新精神的年轻人进来。怎样激发年轻人的创新能力，激励创新层的不断涌现就是企业最需要思考的问题了。"

围绕着"担当、创新、互敬、分享"的企业宗旨，蓝特光学在大力践行技术创新的基础上积极探索体制创新，深入思考后尝试性地推出了应用于项目开发和管理的"项目合伙人制度"，制度运行两年来，收效显著。徐云明对于合伙人制度的解释是，"你是不是股东没关系。项目可能是三四个人开发管理，这个项目产生的收益，前三年你们可以对项目收益进行分红。"过了分红年限之后，项目维护依然有费用，但是维护的收入比之前分红少得多。如果员工不甘于此，还可以再去开发别的项目。这样，员工的能动性被带动了起来，公司的氛围也变得更积极、活跃。

良好的分配制度是企业吸引人才、留住人才的必要机制，能激励研发人员全身心投入到工作中去。徐云明说："这个制度的优势，一是参与感强，让员工自己做主。我把企业平台开放出来，出资金，给公司的员工创新提供条件。"合伙人机制的运行，弥补了原有股份制制度中存在的不足，打破了现有股份制企业的分配制度，把企业平台对优秀员工开放，请优秀员工与企业一起创业，增强了员工在研发创新中的参与感和对企业的归属感，大大提高了员工创新的主动性和积极性。这一制度的实施，提高了企业项目研发的效率和管理水平，同时也为企业吸引和稳定了更多的研发管理人才。改革开放以来，企业的经济利益分配已有了重大变化，企业吃国家的"大锅饭"、职工吃企业的"大锅饭"的平均主义有了显著变化。蓝特光学深入领悟实践，贯彻优质多得、多劳多得的分配方案，让能者多得，弱者进步。

蓝特光学通过分配机制体现员工价值，尊重员工付出，对于一线员工的奖罚制度更加明确：不仅计件统计，还增加了质量要求，蓝特光学副总经理俞周忠说："做得好，做得多，拿的工资高，只有又快又好才能拿更多的钱。"

坚持"以传统光学为基础，拓展边缘光学"发展理念的同时，蓝特光学也意识到当市场份额和公司规模已经达到一定程度，转型就成为求发展的必经之路。目前，蓝特光学业务主要分传统光学、汽车光学和平板光学三大块，三者的发展齐头并进。在传统光学如屋脊棱镜等领域，蓝特光学在业内已占有举足轻重地位，公司产品在照相机、投影仪、望远镜、光电显示类设备等产品上都有应用。

当今市场竞争已不再是价格和产品的比拼，而是品牌的技术含量、质量优劣、系统能力等综合因素的较量。

智能制造是"中国智造2025"的主攻方向，其中智能部件、装备和系统自主化能力提升离不开高清镜头的发展，而蓝特光学的非球面镜片正是关键元器件。

蓝特光学将继续坚持以技术创新为动力，提升系统管理能力，激励员工创新意识，做稳做强光学元器件领域，全力推动平板及玻璃非球面项目，延伸两个项目的技术应用领域，增强市场竞争力，打造企业核心竞争力。

RuiYin
用心做好 每一件事

第二十一篇
瑞银科技：为解决光伏痛点而生

黎光寿

在"一带一路"国际高峰论坛刚刚落幕之际，2017 年 5 月 27 日，世界光伏行业龙头企业之一的晶科能源有限公司发布新闻称，该公司已与阿布扎比水电局、丸红株式会社（以下简称"丸红"）的合资企业 Sweihan Solar Holding Company Limited（以下简称"Sweihan"）以及由多家国际和当地银行组成的财团签署了关于阿布扎比 Sweihan 光伏独立发电项目的债权和股权融资财务协议，Sweihan 项目完成了 8.7 亿美元的融资。

Sweihan 项目是全球单体最大的光伏电站项目，位于阿联酋阿布扎比酋长国东部城镇 Sweihan，项目容量为 1177 兆瓦（DC），已经与阿布扎比水电局签署了 25 年的购电协议，预计于 2019 年 4 月开始商业运营。

此前，晶科能源还成功中标拉美最大的单体光伏项目墨西哥 188MW 电站；在制造层面上，晶科能源在马来西亚投资的工厂已全面开工，其电池和组件产能占公司全部产能的 15%，是目前中国光伏企业在海外最大的制造投资项目。

晶科能源是全球为数不多的拥有垂直一体化产业链的光伏制造商，业务涵盖了优质的硅锭、硅片、电池片生产以及高效单多晶光伏组件制造。随着晶科能源在全球新能源市场的迅速崛起，其制造太阳能光伏组件所需要的原料需求巨大，给中国企业带来了巨大的机会。而海宁瑞银科技有限公司（以下简称"瑞银科技"）就是晶科全球化攻城略地的重要受益者之一，同时也是为晶科这类企业降低成本、增强竞争优势的重要隐形推手之一。

为解决痛点而生

从制造业的角度来看，瑞银科技是一家很小很小的企业——只有员工 33 人，只能算小微企业范畴，但是这样的小微企业却在创

立后的第三年，即 2014 年，创造了 2700 万元的销售额，2015 年销售额超过 3000 万元，2016 年更是达到 4000 余万元。

这家公司之所以如此引人注目，最重要的一点，是这家公司是为了解决中国光伏产业的痛点应时而生的。

许多人都应当记得，10 年前太阳能电池行业无论是在中国，乃至在全球都属于一个疯狂的行业，当时地球上的富豪有很大一部分都是来自于这个行业。但中国企业却遭受着全球市场壁垒形成的不公正待遇——生产太阳能电池所使用的技术和设备，都需要从国外进口，而市场也主要在西欧和美国。中国企业为了争夺市场而降价，常常成为 WTO 贸易规则下的牺牲品。

同时，成本高是中国企业所面临的最大痛点，就制作太阳能电池所使用的多晶硅而言，2008 年的进口价格是每千克 500 元，现在的价格是每千克 100 元。同样，在太阳能电池组件所涉及的其他配套领域，成本同样高昂，中国企业在全球竞争中的利润，也总被国外配套厂商蚕食掉。

一些中国企业发现机会，开始研制与太阳能电池组件有关的技术，生产太阳能电池组件相关产品。瑞银科技就是这样一家企业，团队主要从事技术研发，2008 年技术还在实验室阶段的时候，团队就在全国各地做了调研，发现太阳能行业中的金属化浆料国内还没有人真正做起来，于是选择了该项目。

2012 年，瑞银项目正式落地。但当时的市场中，全部充斥着国外巨头的浆料产品，技术封锁非常严重，原材料及生产设备基本很难接触到，或者说根本没有途径获取，开发过程的艰辛可想而知。

而且，作为一个创业公司，瑞银项目初期人手短缺，大家都是身兼数职，为了寻找合适的生产设备，几个人跑遍了大半个中国，但还是没有可参照的技术标准，只能不断地与客户企业同吃同住。"由于客户端是24小时连续式生产，产品测试时间就需要根据客户的要求做适当调整，技术开发人员在客户现场24小时连轴转，出现问题现场及时调整和解决。"瑞银科技常务副总经理杨磊这样回忆。连续几个月商定设备的各项技术参数指标，终于攻关成功。

作为一家新创企业，瑞银科技近三年来累计获得2项发明专利和10项实用新型专利授权。通过自主研发和技术联合开发等方式，三年来累计实现了20余项科技成果转化，其中"低固含量太阳能电池背银浆料""高附着力太阳能电池背铝浆料""高附着力太阳能背银浆料"等10余项产品通过省级新产品试制计划。公司已具备月产5.0吨金属化银浆、60吨金属化铝浆的生产规模。

光伏产业链上的小节点

晶科能源是瑞银科技的大客户之一，在嘉兴海宁，两家公司隔着一条公路，对门相望。晶科是全球最大的太阳能光伏组件企业之一，2016年出货量高达6吉瓦，2017年第一季度出货量更是突破了2吉瓦，总收入达到57.8亿元。

在庞大的晶科生产链上，海宁瑞银只参与了银浆生产的环节，这看起来是微不足道的一个环节，但却对硅片的光电转换效率产生重要影响——好的浆料能减少光电损失，减少故障率，提升转换效率，还能够扩宽工艺窗口。

太阳能光伏组件的核心就是半导体硅片，其原理是通过清洗制绒、扩散、镀膜等精密半导体工艺技术，在太阳可见光的作用下，产生光生载流子，这些载流子在内建电场的作用下移动形成电流，并通过印刷在硅片表面的金属导线传导出来。而在硅片上印刷导线就要用到金属化浆料，其在太阳能电池的成本结构中，总占比不如硅片，但却是硅片之外成本最高的原材料，大约占太阳能电池非硅成本的 30%。

太阳能金属浆料有铝浆和银浆两种，而在太阳能电池所使用的银浆中，又分为正面和背面两种。正面银浆是指在太阳能电池面板面向太阳的一面印刷导线所使用的材料，背面银浆是在太阳能电池面板背阴面印刷导线所使用的材料。银浆属于太阳能组件中不可缺少的易耗品，保质期只有六个月。在实际使用中，正面银浆和背面银浆不能混用，背面银浆价格一般是正面银浆价格的 60%。

在中国企业还不能生产银浆的时候，杜邦、贺利氏、三星、硕禾四家跨国公司轮流坐庄，国际市场上正面银浆和背面银浆的价格为每千克 10000 元和 6000 元左右。因为国际市场价格过于透明，每次中国光伏企业提高生产效率后的降价行为，总被误认为是国家贸易战行为，从而遭受美国、欧盟和日本等国家和地区的贸易制裁。

从 2010 年前后起，国际银浆市场上逐渐加入了中国竞争者，浆料价格在大幅度下滑，目前国际市场正面银浆和背面银浆的价格是每千克 6000 和 4000 元左右，但中国生产的正面银浆和背面银浆每千克 5000 元和 3000 元左右。中国产品的出现让全球银浆市场价格下滑不止。

正是在这样的背景下，瑞银科技进入市场，以区区 25 人的规模，持续创造奇迹，销售额年增长 40% 以上，甚至有的时候达到 80% 以上。"尽管从企业规模来看，瑞银科技还很小，产品线也还比较单一，但从细分领域来看，我们在背面银浆领域，技术上还是领先的。"瑞银科技常务副总经理杨磊介绍，能够证明瑞银技术领先的标志是——瑞银的新产品，一般是和晶科这样的跨国龙头企业一起研发的，并且也是先在这些企业的生产线上试用和取得认证。

目前的瑞银科技，是浙江省硅基太阳能金属化浆料的龙头企业之一，公司已通过 ISO9001:2015 质量体系认证及 ISO14001:2008 环境体系认证，并建立了技术研发中心，与浙江省多所科研院校开展多种形式的产学研合作，正是基于在浆料行业的耕耘和进步，公司被正式列入国家级高新企业申报评定名单。

跟随研究新技术

在太阳能电池领域，竞争十分激烈，包括晶科在内，许多企业时刻进行着技术升级。伴随着技术不断升级的，是太阳能电池组件在光电转换效率的不断提升和价格的不断下降。太阳能发电设备中，单片多晶硅片的光电转换效率 2016 年前是 17.5%，2017 年是 18.5%，2018 年将可能达到 20% 以上。而单晶硅片的光电转换效率目前要比多晶硅片要高。

从单片组件的发电能力来说，过去是每片发电量 240 瓦到 250 瓦，现在市场流通的是 260 瓦到 270 瓦的组件，2018 年的发展趋势是 275 瓦以上。2017 年以来，全球开始出现并推广 PERC（Passivated Emitter Rear Cell，发射极及背面钝化电池技术）架构的太阳能电池设计，这种设计架构进一步提升了光电转换效率，单晶硅片光电转换效率将能提升 40% 以上，这种技术的升级验证已经在企业的实验室里完成并逐步产业化。

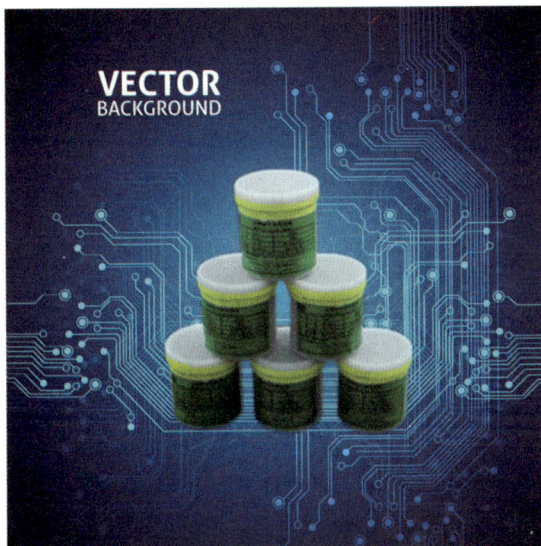

瑞银科技产品

　　这种技术架构的推广，同样意味着浆料行业也需要技术进步，瑞银科技也在进行新技术的研发。新型 PERC 浆料的研发，难度非常大，首先要搞懂新型电池的结构，剖析各个厂家的不同工艺技术要求，其次才是摸索选定浆料开发的体系配比，并进行不断的内部尝试和验证。产品初步成型后，要根据国际电工委员会的相关标准，在客户端做复杂的技术验证，时间在三个半月甚至更长至六个月，这期间不允许出现任何失误，不满足条件的产品要推倒重来。

　　对瑞银科技来说，开发产品首先要瞄准行业内顶尖公司的需求，同时结合终端客户的应用体验不断优化和改良。这也就是瑞银科技在创立后半年内，JS0312 系列银浆应运而生，同时在客户端表现优良的原因。该款产品性能方面已经完全不弱于国外顶级产品，由于性价比突出，在客户端使用的过程中，一年时间里逐步替换了原有的国外产品。瑞银科技目前已经将产品全面升级为性价比更突出的 JS05 系列产品。

与此同时，瑞银科技也从 2016 年开始，投入巨大的人力、物力，积极开发满足 PERC 工艺的银浆产品。这对浆料企业要求非常苛刻，不光要有敏锐的判断力和开发实力，还要有强大的资金实力做支撑，每一个项目实施前都要经过反复论证，但并不是都能达到预想的结果，太阳能行业技术的每一次革新，浆料企业都不能落后，因为落后就意味着淘汰出局。

PERC 电池结构是一种革命性的高效产品，在这种产品架构下，太阳能电池光电转换效率提升 50% 以上，配合度也提升 30%，对太阳能行业的发展具有非常大的推动和促进作用，但对电池制造企业要求很高，改造一条生产线就需要投入 2000 万到 3000 万人民币。

对浆料企业也是一样，PERC 电池浆料的生产需要更新生产设备，一台好的设备动辄就要上百万元，这对中小规模的企业来说是一个大投资，目前的金融环境对中小企业的输血支持还是比较薄弱的，只有相对大型的有资金支持的企业才具备升级和改造的实力。

对瑞银科技来说，PERC 电池架构正好是自己所面临的机会，从 2016 年就开始进行的项目储备研发，现在已经进入实验性验证阶段了，正在晶科等企业的实验室里和生产线做验证，适应 PERC 架构的背面银浆和正面银浆问世后，太阳能发电的成本降低至火电以下。

"我们对市场前景十分看好，现在欧美等发达国家正在追加清洁能源的投资，中国的环保压力也越来越大，使用清洁能源正逐渐成为趋势，中国的可再生能源的利用也逐步上升至国家层面，随着政策逐步落实，技术革新逐渐推进，太阳能产业必然还会有长足的发展空间。"瑞银科技常务副总经理杨磊这样表示。

杨磊说，现在太阳能产品的度电成本也逐渐下探，降幅非常大，有的企业基本已逼近火力及水力等传统能源的成本，PERC 等新型电池架构将迅速提升太阳能发电设备的转换效率，发电会更多，将会让太阳能发电企业进一步降低生产及采购成本，让更多的企业和政府机构看到这个领域的未来。

第二十二篇
禾欣控股：用"工匠精神"做成的王者

黎光寿

　　当鹿晗、吴亦凡、杨幂、高圆圆、宋佳、唐嫣、赵丽颖等都在微博上晒出自己的小白鞋的时候，您肯定知道，小白鞋成了最新的流行趋势之一。

　　小白鞋是一种用高分子材料做面料的运动鞋，轻巧耐用美观。其生产商可能来自李宁，也可能来自耐克，更有可能来自阿迪达斯……但所使用的高分子材料——聚氨酯（Poly Urethane，以下简称 PU）合成革，以及上游产品合成革基布，却有可能来自同一家企业——浙江禾欣控股有限公司（以下简称"禾欣"）。

　　禾欣控股是一家集生产经营 PU 合成革、超细纤维合成革、合成革基布、PU 树脂、色料、表处剂、助剂、化工机械、环保水处理等为一体的产业链配套完整的集团企业。这些产品可应用于鞋类、箱包、球类、服装、汽车内饰、各类外包装等领域，其中最新研发的高端产品可用作高档汽车和私人飞机的内饰材料。

　　在客户方面，耐克、阿迪达斯、纽百伦、安踏、特步、鸿星尔克等中国与世界著名企业均是禾欣控股的客户，他们使用禾欣控股下属公司的产品，生产出高品质的产品，销往世界各地。

历经曲折，勇于担当的团队一飞冲天

禾欣最早筹建于 1984 年，当时引进意大利湿法生产线，于 1986 年成立嘉兴人造麂皮厂，专业生产 PU 合成革。这个企业曾经是一家国有企业。原料最初靠进口，经营上受制于保守理念，企业发展受限。从 20 世纪 80 年代成立到 90 年代初，这个省重点项目曾一度成为浙江省的包袱。当时企业存在很多问题，比如在销售上采用坐商模式，坐在办公室里等待客户上门，市场开拓存在短板。1991 年企业债务达到 7000 万元，处于资不抵债的状态。

正在企业陷于生死存亡的关头，麂皮厂领导班子进行了调整，朱善忠带着自己的团队接管了企业。朱善忠亲自跑市场，发现麂皮厂原来的主导产品服装革过于超前，市场需求小，并且原料依靠进

口，受市场影响很大。

从坐等客户上门到老总带头跑市场的转变，使麂皮厂发现了新商机：当时的国内服装革市场需求不足，合成革在旅游鞋领域却存在巨大潜力。旅游鞋是大众产品，当时的中国刚刚从全国人民统一着装的审美——解放鞋中解放出来，人人渴望拥有更具有个性的各款鞋类。

朱善忠带领的团队还发现，如果将进口原料改为优质国产原料，并配套企业自主研发的技术来创新生产，不仅能降低成本，而且能走出特色发展之路。朱善忠当即做了决定：将企业原料从依靠进口改变为国产化，同时企业决心走自主创新，引领市场需求的新品之路。

新产品在市场上一举获得成功，客户络绎不绝，作出转变体现了企业胆识，创新也让企业第一次尝到了甜头，公司财务室里到处是一袋袋的现金，大家都很兴奋，员工积极性也都被点燃，甚至都乐意拿了被子睡在车间只为多做些产品。

1998 年，嘉兴市麂皮厂改制成浙江禾欣实业集团有限公司，全公司 200 多名员工，绝大部分出钱入股，成为公司股东；另外还有一些企业外的人也看好公司发展，拿钱入股。这次改制不仅让公司获得了宝贵的发展资金，还收获了绝大部分员工的肯定和支持。购买了土地，盖起了新厂房，企业的二次发展自此开启。

当时公司面临的盛况是许多客户围着公司转，给公司提供了很好的建议。朱善忠带领的团队决定拓展企业的产品产业链，瞄准世界先进水平进行技术研发，于是，禾欣接连成立了生产聚氨酯树脂的嘉兴禾欣化学工业有限公司，生产色粉、色料与助剂的嘉兴禾大科技有限公司，生产合成革基布的嘉兴越隽合成革有限公司以及与可乐丽株式会社合资成立了专门生产超纤产品的禾欣可乐丽超纤皮（嘉兴）有限公司。

2004 年，禾欣更名为浙江禾欣实业集团股份有限公司集团公司，2010 年在深交所上市，2015 年再次进行重大资产重组退市，通过资产置换新成立浙江禾欣控股有限公司，重新拥有旗下 10 家控股子公司的绝对控股权，成为一家拥有合成革、超纤、化工及配套产业的三大运营板块，集生产经营 PU 合成革、超细纤维合成革、合成革基布、PU 树脂、色料、表处剂、助剂、化工机械、环保水处理等于一体的产业链配套完整的集团企业。

致力创新，成为知名品牌背后的隐形巨人

伴随着禾欣的发展，中国也逐渐成为全球最大的 PU 合成革生产国，并且合成革产业的下游，鞋类和服装等产业逐渐向中国转移，中国企业逐渐由弱到强并占领全球市场，而日本、韩国、中国台湾地区的合成革生产量逐渐减少。

在 2004 年与可乐丽成立合资公司之后，禾欣就拥有了合成革、聚氨酯树脂、超纤皮三类主打产品。现在热遍全国的小白鞋，所使用的主材料就是合成革与超纤。阿迪达斯、耐克都成了禾欣的客户，这些公司使用禾欣的材料，生产出运动鞋、运动类背包、球类之后，销售到世界各地。

禾欣是一步一个脚印发展并获得政府层面肯定的企业。2002 年禾欣被列入浙江省"五个一批"重点骨干企业，成为 66 家重点培育的浙江省高新技术企业之一。2007 年 12 月，禾欣被浙江省经济贸易委员会认定为浙江省"958"技术赶超计划中的重点培育企

禾欣控股产品

业，为浙江省列入该计划的唯一一家合成革行业企业。2008 年 10 月，禾欣被认定为浙江省 2008 年第一批高新技术企业。

在国家层面上，禾欣也得到广泛支持。2003 年，禾欣被科技部评为国家火炬计划重点高新技术企业。2007 年，公司技术中心被国家发展改革委、科技部、财政部、海关总署和国家税务总局评定为第十四批享受优惠政策的国家级企业（集团）技术中心。禾欣注重创新，行业内最早建立了国家级企业技术中心、省级企业研究院、博士后工作站等研发平台，配套建立了国家级实验室，只为做出好产品而努力着。有努力就会有收获，无纺布基鞋里衬被国家经贸委评为"1998 年度国家级新产品"；闪光革被国家经贸委评为"2000 年度国家级新产品"；维加革被国家经贸委评为"2001 年度国家重点新产品"；吸水透气革被科技部、国家税务总局、商务部、国家质检总局、国家环保总局等五部委评为"2003 年国家级新产品"；绿色环保革被科技部、国家税务总局、商务部、国家质检总局、国家环保总局等五部委评为"2004 年国家级新产品"；纳米革被科技部、国家税务总局、商务部、国家质检总局、国家环保总局等五部委评为"2006 年国家级新产品"。而今禾欣又率先走在行业前端，从传统产品向无溶剂产品转型升级迈出踏实的一步。禾欣于 2014 年研究无溶剂产品，2016 年产品实现产业化，获得了客户的追捧、市场的肯定。

回购股权，做一回真实的自己

登陆资本市场，是许多创业人士的目标，"上市只是公司发展的第一步"，但对禾欣来说，成功登陆资本市场，却意味着风险的敞开，尤其是企业控制权面临的风险。在 2015 年股灾到来之前，禾欣就做好了准备，选择退出资本市场，专注回做实体经济，在做产品和销售上下功夫。

2010 年年初，禾欣登陆资本市场，在深圳中小板上市，成为中国闯荡资本市场的 2000 家公司之一，也是当时少数登陆资本市场的公司之一。但由于是从国有企业改制而来，禾欣的股权比较分散，持股 5% 以上的创业团队成员朱善忠、沈云平、陈云标、顾建慧、丁德林、庞健、叶又青等 7 人，持股比例在 7.49% 到 16.81% 之间，合计持股 76.31%。

这样的治理结构对禾欣来说，是一块短板——公司主要股东持股相对分散，每一位主要股东对股东大会的决议都有一定影响，但又都不具备决定性的支配能力。这样的股权结构，面对市场上其他利益主体恶意收购的时候，抵抗性非常弱。当市场上的股权纷争陆续传到管理层耳中的时候，问题的严重性才逐渐被发现。

究竟是任由股权分散被各个击破呢？还是团结起来保护住公司的根本，让公司在自己手中得到更进一步的发展？公司管理层选择了退出资本市场，保护公司，保护全体员工奋斗二十年积累的成果。

2015年，禾欣的大股东与慈文传媒大股东换股，把上市公司的壳给了慈文传媒，自己退出了资本市场，回到靠销售产品挣钱的时代。退出资本市场后，禾欣的创业经营团队掌握了自己的命运，再次开启企业发展新篇章。

步步为营，做成合成革材料的引领者

资本市场的一进一出，禾欣已经不再是过去小打小闹的一家企业，而是一家在行业里有话语权的公司。禾欣年销售达到20亿元以上，更关键的是，禾欣掌握着PU合成革的核心技术，掌握着从化工到成品的整个产业链，无论市场的变化有多大，无论资本市场怎么云谲波诡，都可以成为一个行业风云变幻的参与者和引领者。

对禾欣来说，撤离了资本市场，让企业躲过了2015年的股灾，也躲过了2016年的举牌，否则企业很可能已不属于禾欣。现在的禾欣，更多的精力用在实业上，只有专注做实业，才能在大的经济危机来临的时候，让公司有能力躲过一劫。

而走实业之路的核心，在于创新。企业只有不断创新，才能适应市场，才能不断地引领市场潮流。现在的禾欣，合成革是产业链的基础，聚氨酯树脂与超纤是拳头产品，是收入的主要来源，而公司的创新目标，是在超纤皮上寻求新的突破。

中国的合成革销售近年来呈现出销售量大利润少的现状，一方面是竞争越来越白热化，利润率降低，另一方面是下游企业尤其是鞋类企业遇到困局，国内知名鞋类企业近几年发展受限，行业低迷。而超纤皮的市场需求旺盛，行业内纷纷看好超纤，但受制于高额的固定资产投资、高于合成革要求的生产技术，国内超纤发展没有呈现与中国合成革同步发展的趋势，仅有为数不多企业的产品能够获得市场的持续肯定。

在超纤皮领域，禾欣走的是与超纤产品鼻祖合作之路，从一开始就站在行业发展的制高点上，高屋建瓴地带动整个国内超纤行业的发展。超纤的起步与发展，也让禾欣在逐步带领合成革行业从低端聚氯乙烯（PVC）合成革和普通 PU 合成革向高端 PU 革及超纤革过渡，禾欣超纤成为近几年国内超纤行业的技术领军产品，成为同行竞相模仿的对象。

在化工领域，禾欣秉承着创新发展的企业理念，禾欣化学近年来开发出鞋底原液与实心轮胎液产品，可用于一次成型的鞋底材料与超级载重车的轮胎。技术与成本优势，给企业带来了较好的经济效益，让禾欣的创新之路继续拓宽。

禾欣 30 多年的发展史，带着自己的独特个性。凭借着持之以恒的"创新与品质"工匠追求，产业的拓宽发展、产品的创新研发、管理的精益到位，禾欣用实业、实力、实在的"三实"精神谱写中国制造追求的"用更低的成本、更高的质量、更便利的方式满足消费者不断变化的需求"。

第二十三篇

荣泰科技：世界 500 强"朋友圈"的修炼

秦　伟

　　凭借过硬的科技创新能力，十多年来，荣泰从一家普通的绝缘材料公司起家，如今成功地打进了包括博世、松下、西门子、三洋在内的世界 500 强企业的"朋友圈"。目前，荣泰的世界 500 强"朋友圈"成员达到了 50 家左右。

　　业内人士都知道，国际知名企业尤其是世界 500 强企业，对配套企业的要求非常严格，甚至可以用苛刻来形容。那么，荣泰电工为何能获得这么多 500 强"朋友"？

　　正如企业决策者所说，"荣泰电工之所以能加入世界 500 强企业的'朋友圈'，实力来自过硬的产品，来自企业对科技创新和发展前沿的精准把控。"

科研"先人一步"

荣泰科技全称是浙江荣泰科技企业有限公司（以下简称"荣泰

科技"），成立于 1994 年，位于浙江省东北部、长江三角洲杭嘉湖平原腹心地带、长江三角洲重要城市之一——嘉兴市，是专业于高分子化工材料开发、制造和服务的浙江省高新技术企业集团。旗下子公司有国内最大的浸渍绝缘漆制造商 "荣泰雷帕司"，国内最专业的高端云母耐热材料制造商 "荣泰电工"，全球云母制品市场领导者之一 "荣泰塑胶"，高科技新产品载体 "中泰科技" 以及 "名泰贸易"。

"经过多年的发展，现已形成 '荣泰' 牌浸渍绝缘漆、环氧灌封胶、玻璃丝包线浸渍树脂和平衡胶泥四大类百余种产品。年产量达到 1 万吨以上，销售额超过 2 亿元人民币，为国内最大规模的浸渍绝缘漆制造企业。" 荣泰科技总经理曹万荣向记者介绍，"我们以品质稳定、服务专业赢得了日本松下、富士通、三洋、村田，德国博朗、西门子、阿尔斯通，广东美的、格兰仕等国内外知名厂家的

信任。"

荣泰科技缘何获得国际大腕的青睐？

"因为我们的产品可以做到人无我有、人有我优。"荣泰电工董事长曹梅盛不无自豪地告诉记者。在耐高温绝缘材料行业，一般材料可承受数百摄氏度的高温，但荣泰电工生产的云母绝缘产品，可以承受 2 万伏高压、1000 摄氏度的高温，并确保设备在极度高温下 3 小时内保持正常运行。

云母是一种存在于超过地下 15 公里的矿物，具有绝缘、耐高温的特性。自建厂开始，荣泰电工就一直从事绝缘材料的开发，这几年，云母类的绝缘、储能材料渐成企业的主打产品。

早上 9 时，荣泰总经理助理杨鸣已参加完一个越洋视频会议，这个时间点正是美国客户的晚上频道。和美国、欧洲客户的多年合作，让荣泰的一些中高层和销售人员养成了 24 小时随时开会的习惯。

随着美国知名能源公司电动汽车年内批量上市时间的接近，荣泰科技旗下荣泰电工的业务量也随之实现了快速增长。从 2003 年成立到现在，荣泰电工保持了每年百分之二三十的快速增长。公司能长期实现"顺风顺水"的原因，用荣泰电工董事长曹梅盛的话就是"搭上了绿色能源这班顺风车"。

"荣泰科技能攀上世界 500 强'高大上'客户，凭借的就是先人一步的科研能力和产品做到极致的工匠精神。可以说，没有科技创新，就没有中小企业的未来。"曹梅盛表示，南湖区浓厚的科技创新氛围，增强了中小企业转型升级的信心和勇气。

荣泰电工云母绝缘材料显著的绝缘和储能优势，引来了世界知名公司抛来的橄榄枝。在某世界知名能源公司进入电动汽车的试验期，荣泰就一路参与储能设备的同步研发，按对方要求生产各种储能配件。随着该客户公司电动汽车年内的批量上市，今年荣泰的供货量也实现了爆发式增长。

"科技创新为源头，信誉为生命。"在曹万荣看来，产品品质则是公司的核心竞争力，只有不断提升员工的技能水平，才能把握好技术关和质量关，最终转化成生产力。

而曹万荣本人，也是"技术出身，技术当家"，2014 年，经国务院批准享受政府特殊津贴，成为南湖区首个荣获政府特殊津贴的专业技术人员，这也使南湖区政府特殊津贴专业技术人才实现了"零"的突破。

思路决定出路

"搞创新，第一步目的要搞清楚，把握住方向；第二在做的过程中，所有的可能都要考虑到，包括失败；第三要鉴别，研发出来的产品前景如何。"曹万荣说，"这其中思路最重要！""这就是我们在管理上说的找根本原因，根本原因找到了，自然能解决问题。"

凭着过人一步的"思路"，2008 年，正当许多中小企业感到阵阵寒意时，荣泰电工却凭借国家节能家电下乡的东风，日子过得有滋有味。之后，高铁、轨道交通的高速发展，以及"一带一路"和全球绿色能源发展，更让荣泰如鱼得水。

看似幸运的背后，是荣泰科技孜孜不倦的科研创新和产品升级。作为一家位于镇工业功能区的中小企业，早在建厂初期，企业就请来了加拿大归国博士，成立了企业科技研发中心，并设立了博士后工作室，连财务总监也是具有国际视野的博士。这几年来，公

荣泰科技产品

司还与浙江大学、浙江理工大学等院校开展了广泛的合作，仅每年投入的科研经费就超过 1000 万元，目前企业又开始着手建设国家级企业研究室。

"三流企业卖产品，二流企业卖技术，一流企业卖标准"，这句话正被许多企业奉为"金口玉言"，越来越多的企业也因此承担或参与代表行业领域最高水平的标准制定，力夺行业标准、国家标准制定"话语权"，掌握市场竞争主动权。

曹万荣认为，行业标准起到的是引领作用，荣泰科技积极争取将特色拳头产品形成国家（行业）标准，成为该行业的"领头羊"，推动整个行业的进步。

"随着国际、国内市场竞争的加剧，企业如何进一步提高核心竞争力已显得越来越重要，而提高核心竞争力的根本是需要企业进行自主创新，特别是要将专利技术及时转化为各级标准。"曹万荣说，谁的产品标准一旦为行业所认同，它所代表的不仅是可持续获得的利润，还意味着将能规范整个行业、引领行业发展潮流。

作为国家高新技术企业，荣泰通过了美国保险商实验室和德国通用公证行等国际著名机构的检测认定，并主持起草了 5 项国家、行业标准，参与起草标准 12 项，完成 30 多项包括国家重点新产品项目、国家火炬计划项目等在内的科研项目研发、成果转化，目前企业已拥有专利 42 项。

"这意味着绝缘材料产品都须达到该标准，否则企业将不能合法生产。"曹万荣表示，"引领行业发展潮流，凭借的正是我们创新的优势产品。"

多彩企业文化提升"软实力"

荣泰科技旗下的荣泰电工是耐高温绝缘材料行业的龙头。曹万荣强调荣泰电工专注于绝缘材料领域，将产品做到极致，为此，他十分注重企业管理，创办荣泰商学院。

对于荣泰电工的销售经理王维刚来说，今年最大的收获就是参与了"荣泰商学院"的课程学习。日前，王维刚告诉记者，得益于企业对"专业、诚信、开放"的文化建设的注重，今年年初以来他已免费学习了 20 多门网络课程，在工作之余有效提升了自身销售、谈判及团队建设方面的能力。

企业兴旺在于管理，管理有效在于文化。推进企业文化建设是提升企业"软实力"的重要组成部分，也是实现企业可持续发展和增强员工凝聚力、执行力的"法宝"。因此，如今很多企业不仅看重经济效益，还注重提升企业的"文化气质"。

就如上文提到的"荣泰商学院"，是荣泰电工在 2015 年的年会上揭牌成立的。公司综合管理部的人事专员程帼英介绍，商学院与专业的培训机构合作，老总花钱为员工买课程，购买的300多个账号可供员工免费申领，通过账号登录网络平台学习相关课程。"平台上的课程多达4000多门，不管是销售人员、一线操作工，还是后勤管理人员，都可以找到相应的培训课程。"在此基础上，公司还开办了"双证制"培训班，通过线上、线下结合，培养员工的学习意识，提升综合素质。

当然，企业文化不光有业务层面的提升，更有"关爱"这个主题。作为员工的另一个"家"，荣泰电工成立了企业爱心基金，随时随地帮扶有困难的员工。公司还创新组建了公司级别的"老娘舅"小组，由工会主席金水林、车间老主任金德云、总经理助理杨鸣担任调解员，化解公司里的大小矛盾，给大家排忧解难，提升企业的向心力。

第二十四篇
华严花边：织带行业的领导者

智 强 武 鹏

"微小产品、美丽事业，快乐工作、幸福生活，这是华严的发展理念。"华严董事长张海华说，"华严人以这 16 个字为指导，走过了十几年的路程，创造了今天的华严。"

华严全称嘉兴市华严花边织造有限公司（以下简称"华严"）是一家从事弹性织带研发、设计、生产、销售的专业公司。自 2000 年 4 月在浙江嘉兴成立到现在，华严的产量已经从初期的 10 万米 / 天，发展到今天超过 160 万米 / 天，产品远销世界各地，年产值达 3 亿元。现有员工近千人，已成为全球最大的弹性织带生产销售企业之一。

华严是怎样在 16 字发展理念的指导下，战胜了一次次困难，创造了一个又一个奇迹的呢？华严董事长张海华、总经理计惠松回答了这些问题。

微小产品、美丽事业

华严的主要产品是织带。织带是以各种纱线为原料制成狭幅状织物或管状织物。早期织带都是以手工作坊方式生产，原料为棉线、麻线。新中国成立后，织带用原料逐渐发展到锦纶、维纶、涤纶、丙纶、氨纶、粘胶等，并形成了机织、编结、针织三大类工艺技术，产品也丰富多样。

从产业链的角度看，织带是终端产品的辅料。其上游包括棉花种植、棉纺、化纤制造业、染料业和纺织机械等；下游市场主要包括服饰、鞋材、箱包、工业、农业、军需、交通运输等产业。

织带行业的大发展始于中国的改革开放。当时，一些台湾、香

港企业家看到了中国织带市场的前景和机遇，纷纷转到内地投资开办织带工厂。港台商人的投资行为对内陆的创业者产生了很大影响，于是内地投资织带行业的人也越来越多，织带行业迅速发展起来。目前，国内织带生产主要集中在浙江、江苏、福建和广东。2013 年，织带行业产量超过了 1000 亿米，达到 1050 亿米；市场规模约 273.5 亿元，预计 2019 年市场规模将达到 500 多亿元。中国现在已经成为世界最大的织带生产基地，同时也是织带最大的消费市场。

华严正是在这样的背景下产生，并逐渐发展为弹性织带的领军企业。华严初期做的产品是花边和织带，逐渐转变为主要做内衣和运动装织带，而且是弹性织带。之所以把自己所做的事情称为"微小产品、美丽事业"，华严总经理计惠松解释说："从产品角度看，我们生产的是织带，是一个微小产品，而且是辅料，但我们从事的行业却是一个时尚行业，无论是内衣织带还是运动装织带，它们同终端产品一起都能给人带来一种美感，所以，我们称这是一个美丽的事业。"

华严人从一个微小产品看到了一个美丽的事业，在一个辅料产品中悟出了他们工作的意义。

就内衣而言，弹性织带虽然是一个中间产品，但它却是产业链中不可或缺的辅料，在产业链中居重要地位。因为织带的开度和力度决定了内衣穿着的松紧度、舒适度，所以高品质的内衣品牌对弹性织带的设计和质量要求非常严格，因此，从事织带行业也可以说是从事一项重要而美丽的事业。

做中国最好的织带

"在刚建厂时，我们只有 30 人，13 台机器，但正是在那时，华严人就定下了做中国最好的织带这个一直持续到今天的目标。"张海华说。

为实现这一目标，华严人是怎么做的？

张海华认为，做最好的织带，一靠研发，二靠设备。这是做出最好织带的软硬两个要件，缺一不可。

从硬件来看，华严当年买下了 34 亩地，逐步建起了华严的现代化办公楼、工厂和员工公寓等生活服务区。机器设备也从建厂时的 13 台发展到现在的 1000 多台，其中包括拥有从德国、瑞士、意大利进口的织花机、无梭机、包覆丝机及全电脑检带机等生产设备，并设有标准的测试实验室，针对客户的不同需求设立 JIS、AATCC、ISO 等检测标准。同时，华严已获得瑞士纺织品检定机构颁发的"Oko-TexStandard100"环保标签。

尽管有了现代化的工厂和精良的设备，但要做出最好的织带还必须要靠研发。华严的客户主要是国内外著名厂商，例如安莉芳、爱慕、华歌尔、优衣库等业界著名企业都是华严的合作伙伴。这些国际大品牌需要的不是廉价的辅料产品，而是科技含量高的适合市场需求的配套产品。为了满足市场需求，让客户满意，华严首先精心挑选高品质原料，然后设计人员再与客户进行深入沟通，了解和把握客户需求，保证有效控制生产环节。华严的研发成果从研发到大批量投入生产一般需要两年时间，其中一个重要原因，就是要和大的品牌客户做长时间的沟通。

华严拥有一支锐意创新的设计研发团队，他们能够提供从市场调查、产品定位、外观设计、结构设计、生产支持等在内的全过程设计解决方案。他们将国际时尚与人体工学融入每个环节，力求织带尽善尽美，在用户满意的同时，为消费者带来享受和愉悦。

计惠松在华严 2016 年终晚宴暨年度表彰大会致辞中有一段话集中体现了华严人为做最好的织带所付出的努力。他说："面对当前错综复杂的市场环境，华严人坚持市场大客户战略，坚持以满足客户需求为己任，坚持专注于产品的提升。过去一年，客户对品质的要求不断提高，市场的多样性也更丰富了，对交期配合和反应速度的要求都在逐年提升。我们团结一心，选择积极应对这些变化，每一个部门、每一个团队都众志成城、迎难而上。我们看到为了解决客户对缩水率的更高要求，生产和销售的同事们不断地开会研究讨论，多次走访了市场上的设备厂家，最后也基本成功解决了缩水率的问题。研发、工艺的同事们针对国内战略品牌客户提出的质量要求，也是反复地进行沟通试样，为 2016 年这类客户的增长提供了坚实的基础。"

除了设备和研发，张海华认为，做最好的织带，还要做到专注，就是专注于一个细分市场，把它做好。华严产品结构的转变就是一个逐步专注于一个细分市场的过程。这里还有个故事，华严最初做花边和织带，但在企业发展中期也尝试做如模杯、背扣等其他配套辅料产品，而且也得到了客户认可，后来在织带领域规模不断扩大的情况下，坚定了"专注一种产品"的经营理念，果断舍弃这些配套产业，并逐渐转变为以做弹性织带为主，现在已经成为全球最大的生产销售弹性织带的专业公司之一。

华严在规模不断扩大的趋势下，更是用极大的专注力去提升产品品质。"专注品质，匠心织造"，这 8 个字是贯穿整个生产过程的指导方针。为了达到高端客户对织带 5000 次疲劳度性能的测试要求，华严特地组织工程人员研究改良出适合快速检测此项指标的设备，效率比当时市场上的同类产品高 2 倍。也会为追求减少与客户测试结果的误差去购买一模一样的设备，甚至不惜成本地去恳求供应商工厂生产已经停产的型号。全员皆客服，这是华严多年来形成的一种精益文化。

设备、研发、专注，成就了华严这个从事美丽事业的隐形冠军。

企业竞争最终是人的竞争

"亲爱的家人们"，这是华严领导讲话时对华严人的称谓。员工即"家人"，这是华严关于人的文化的核心。

关于研发人员，华严肯花大价钱在市场上招募，并以优厚的条件吸引人才加盟。此外，华严还经常从相关院校招聘设计人员，入职后加以培训和锻炼。华严的一般员工主要来自于国内的其他省市，华严为他们建造了公寓，公寓中都有空调和单独的卫生间，为他们提供"快乐工作，幸福生活"的物质保证。在精神生活方面，华严也是丰富多彩的，比如，他们会组织员工召开运动会、每季度会有嘉年华活动，每年投入数十万资金组织员工外出培训学习等。华严为了对员工进行"孝道"教育，特别请了老师给员工讲课，讲中国传统文化，讲国学。张海华认为，一个不爱自己家庭的人，不可能爱企业；一个不讲孝道的人，不会对企业忠诚，也不太可能对企业负责。

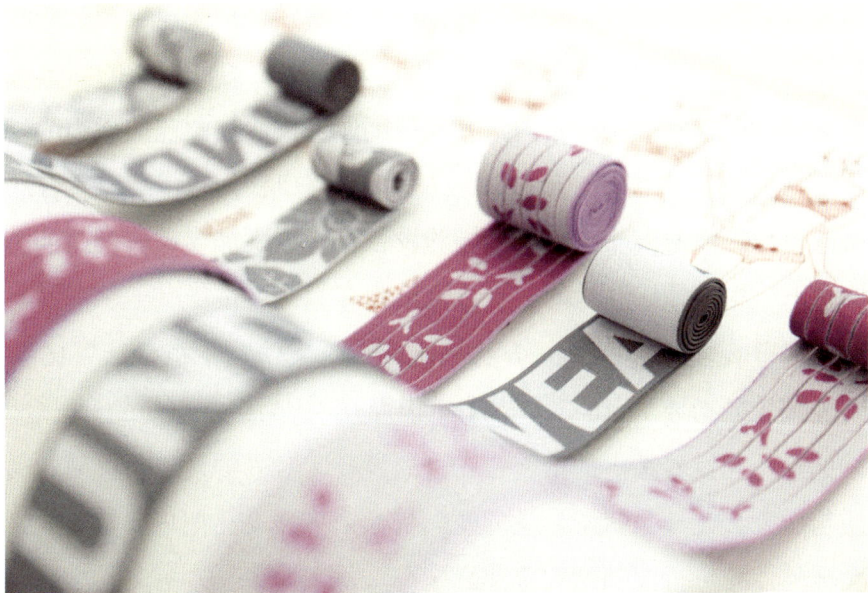

华严花边产品

　　春节是中国最重要的传统节日。华严"家"的文化在这个重要的节日有充分的体现。华严通常提前10天放假，正月初八假期结束。华严鼓励员工在春节期间回家孝敬父母，与亲人团聚。华严的效益一直比较好，每年春节放假前都要拿出一大笔钱发放年终奖金，并鼓励员工买年货，比如采购嘉兴特产带回家乡，回家过年，让员工的家人体会到华严对他们的关怀。

　　华严人正是在这种"家"的企业文化中，实现了"快乐工作，幸福生活"的发展理念。这样的企业文化也极大地促进了企业发展，使华严的业绩连年增长。

　　计惠松在华严2015年终晚宴暨年度表彰大会致辞中说："华严，一直倡导'快乐工作，幸福生活'的理念，我们华严人在实际的行动中证明了我们的优秀，我们不怕艰难、勇敢向前。2015年，在取得佳绩的背后，也是我们坚持深化公司战略的成果，是我们坚持优化客户结构和提升流程改善的成果。这一年，我们又进一步加大开拓了国际市场，国际订单增长超过40%；国内战略品牌客户的销售额也继续稳步提升，同比增长35%。所有取得的这些销售成绩，都跟销售部所有同事的努力紧密相连，也跟所有相关配合部门的团结协作紧密相连。"

华严在"微小产品、美丽事业，快乐工作、幸福生活"16字发展理念的指导下，10多年来不断践行着"成为织带行业的领导者"的愿景。凭借着精湛的工艺、先进的设备、时尚的设计、优质的品质与服务，尤其是执着专注的匠人精神，华严人已把华严打造成为全球弹性织带行业的领袖企业之一。

KINGDOM

秦　伟

　　24 台由公司自主研发、设计，并委托设备制造商生产的栉成一体机排成一排，场面壮观。墨绿色的机身，看起来像绿皮车。"车身"的一端，工人们正在忙碌地工作。一名工人将分拆成一束束的亚麻投进机器之中。经过一系列的加工之后，手感细滑的亚麻从机器中吐出。这是金达业麻车间的生产场景，这里生产的亚麻制品将被运往世界各地。

　　金达控股，英文名 Kingdom，其中文意译更是霸气外露的——王国。如今的金达控股，拥有浙江金元亚麻有限公司、浙江金达亚麻有限公司、江苏金元亚麻有限公司 3 个生产工厂，年产 2 万吨湿纺亚麻纱，成为全球最大的亚麻纱制造商之一，2016 年金达控股出口亚麻纱 8618489 千克，占全国总出口量的 36.3%，已连续 13 年排名全国第一，出口至日本、韩国、意大利等高端市场的亚麻纱中，金达占 50%。如今，金达控股正在成为全球亚麻纱制造领域的"王国"。

"三无"企业的生存之道

一无资金，二无设备，三无技术——1979 年，海盐县横港人民公社丝织厂（以下简称"横港丝织厂"）就在这样的条件下诞生。

没有厂房，就利用 170 平方米的公社会堂代替；没有资金，就通过银行贷款；用钢材换丝织机，用水泥换整经机等变通办法，在不到半年的时间内，硬是把空旷的会堂改建成生产车间。

技术——看不见，摸不着，这最后"一无"是最大的拦路虎。习惯于荷锄担锹，田间耕耘的"鱼米之乡"农民，如何掌握技术，如何驾驭机器？这个难题没有难倒横港人，"请进来，走出去"在

30 年前的横岗已经有了实践——他们从杭州请来师傅传授技术，派工人外出学习、培训。在较短的时间内，学会并掌握了技术与操作。

克服了"三无"困难，海盐县横港人民公社丝织厂在当年 9 月便筹建完成并开机投产。当时，全厂共 10 台织机。到年底，生产被面及丝绸 0.1 万米、化纤布 1.7 万米，实现产值 6.4 万元，获利 2000 元。短短的 3 个月内，就获得了如此成绩，无疑是开门红。尝到甜头后，信心更足。大家齐心协力，一鼓作气，企业发展如日中天，经济效益也快速增长。1979 年至 1981 年，年产值从 40 万元增加到 127 万元。

"摸着石头过河""不管白猫黑猫，抓住老鼠就是好猫"——这是改革开放初期所有企业市场运作的写照，横港丝织厂也不例外，由于对市场变化没有预估判断，"什么挣钱干什么"。社办队办企业一哄而上，出现供大于求、产大于销的被动局面。加之观念落后、管理粗放等原因，横港丝织厂生产经营一度陷入困境。

重担之下必有勇夫——公社领导采取果断措施，年仅 24 岁的任维明临危受命担任横港丝织厂厂长。新官上任三把火，任维明也不例外，首先将横港丝织厂更名为"海盐县第二丝织厂"，开始了第二次创业；其次，实行科学管理、从严治厂的方略，将企业升级与质量管理作为两大抓手，制定详细整改措施，分年度目标，组织实施；最后，也是最为关键的——技术至上。注重引进制造技术和设备，带动了生产管理经验的提升，从而使企业发挥更大效能。在引进管理经验、技术、先进设备的同时，推动了产品结构的优化组合，使企业生产能力明显提高。当年，海盐县第二丝织厂生产总值达到了 212 万元，获利 20 万元，工厂起死回生，摆脱了困境。

"Kingdom" 王国的由来

1992 年 1 月 18 日至 2 月 21 日，邓小平视察武昌、深圳、珠海、上海等地，发表著名的"南方谈话"：改革开放胆子要大一些，敢于试验……看准了的，就大胆地试，大胆地闯。邓小平说，有的人认为，多一分外资，就多一分资本主义，"三资"企业多了，就是资本主义的东西多了，就是发展了资本主义，这些人连基本常识都没有。

这次后来被称为"春天的故事"的南方视察，在中国经济界产生了强烈的震动，开创了现代企业发展和经济变革的新篇章。

当时的海盐县政府也出台了招商引资的优惠政策，鼓励企业开拓新的筹资渠道，引入新机制，寻求国际资本，探索利用外资、外技嫁接改造老厂、发展生产。

1992 年 2 月，海盐县第二丝织厂引进外资，成立了海盐第一家中外合资企业——雪乐斯制衣有限公司。雪乐斯走高端、高档产品和差异化经营之路，对质量要求相当高，代表了中国当时产业的发展水平，引领着市场发展的方向。产品一经问世，迅速受到广泛的关注，在全省乃至全国站稳脚跟，并成为行业内的领航标杆。

同年 12 月，海盐县第二丝织厂更名为海盐金达丝绸实业公司，"金达"商号正式启用。1994 年，组建浙江金达丝绸集团；1996 年，金达丝绸集团公司开始创建"臣臣 Chenchen"高档丝绸时装品牌。几年后，"臣臣"成为中国十大丝绸品牌之一，标志着公司步入品牌化运作，走上丝绸品牌化、专业化道路。

20 世纪 90 年代末，金融危机席卷全球，受国际大市场影响，许多行业遇到了前所未有的困难，曾经占我国出口额 1/4 的丝绸行业持续在低谷徘徊。金达作出了重要的决定：精简丝绸产业，集中优势力量进入亚麻产业。

这是一次冒险！很多人不理解。

"当时丝绸加工并不赚钱，丝绸制品本身定位比较高，市场受众面比较小，其他纺织材料加工工艺逐步提高，当时丝绸行业整体不景气。"金达控股执行董事兼总经理沈跃明表示，亚麻和丝绸一样，在纺织材料中占比比较小，亚麻纱主要生产国和消费国都在欧洲，以法国、比利时、荷兰等发达国家为代表，但随着时间的推移，欧洲劳动力价格不断提高，在 1999 年，欧洲的亚麻纱加工产业选择向外转移，金达当时正在寻求转型，获得这个消息后，毅然决定转向亚麻纱。

1999 年，从 5000 锭亚麻湿纺起家，金达控股以蓝海开拓者的姿态迈入亚麻行业。

2000 年 1 月 17 日，浙江金达丝绸集团公司改制为金达创业股份有限公司。实现了由私人、集体、国有持股的股份制改造，也是海盐县第一家改成股份公司的企业。

2003 年，由浙江金达创业股份有限公司控股，成立中外合资浙江金元亚麻有限公司，注册资本 832 万美元。2005 年，设立江苏金元亚麻有限公司，在江苏如皋经济开发区建立现代化的大型亚麻纱生产基地。同时，金达亚麻向外扩张，在马德里成员国成功获得了国际商标注册，使公司品牌在欧洲打响了名气。

2006 年，金达创业将亚麻这一块优质资产注入金达控股有限公司，并于 12 月 12 日在香港联交所主板挂牌上市。通过上市融资，实现了规模裂变，迅速跨入大型企业的行列，成为国内亚麻行业第一家香港上市公司，也是海盐第一家上市公司。

"补短板"掌握议价能力

"中国亚麻产品企业之所以抗风险能力不足，原因还在于加工生产技术缺乏。"任维明对短板认识非常到位。

"金达控股非常重视创建并保持公司的技术优势。亚麻纱生产是资金和劳动密集型产业，金达之所以能够保持行业领跑，与企业始终坚持的创新理念密不可分。"任维明表示，"公司引进德、法、意等国先进纺织设备，技术装备水平处于全国同行业领先。"数据显示，金达控股所产亚麻纱品种涉及 3.5 至 75 公支范围内的各规格，并已获得授权专利 50 余项，其中发明专利 15 项。

但进入亚麻行业的初期并不是这样的。起初，金达曾向中国纺织业协会求助，希望协会能够帮助企业提升、改良制造工艺，但由于亚麻纱在纺织业行内属于小众产品，纺织机械制造企业单独为金达改良设备动力不足。

求助遇冷！金达决定自己努力。纺织业对设备很依赖，金达就投入巨资，从德、法、意、日等国家引进先进纺织设备，同时加快技术创新步伐，在行业内保持技术优势。

沈跃明为我们举了个例子，公司投入 1350 万元改造的粗细联自动化技改项目，把粗纱机、煮漂、细纱三道工序的物料（粗纱管）联通起来，通过自动化的集中控制，使粗纱管在空中轨道中进行自动配送，不再需要人工搬动，既节省了人工，也降低了劳动强度。

"'机器换人'的推行，减少了我们企业的用工量。平均算下

金达控股产品

来，过去 5 个人干的工作，现在只需要 3 个人干了，人力大约节省了 40%。"沈跃明表示。

　　在保持加工技术优势的同时，金达还格外重视原材料的质量。金达使用的亚麻纤维原料 97% 从法国、比利时和荷兰等优良亚麻产区采购。此外，金达生产环节中作为原料的亚麻纤维大部分采购自欧洲优良亚麻产区，其 2003 年至今的亚麻采购价格显著高于同期中国海关统计的亚麻纤维及短纤平均进口价，显示出金达在技术优势之外，也通过对产品质量的关注来支撑公司产品的高端定位。

　　众所周知，亚麻集中生长在西欧沿海地带，从欧洲南部通过比利时和荷兰到法国北部诺曼底，加之上百年种植亚麻的先进经验，这里成为全球生产优质亚麻原料的理想地。金达目前的主要原材料不仅全部采购自法国、比利时和荷兰，而且分别是其亚麻原材料全球最大客户。

据有关统计，近年亚麻原料全国进口量接近90%，进口单价上涨幅度接近70%。如何提升亚麻原料的议价能力，降低原料采购成本，提升加工生产水平就显得尤为重要。

"我国亚麻原料短缺的矛盾十分突出，严重制约了我国麻纺产业的发展，使得我国亚麻纺织企业在进口原料的价格、品质、等级等方面话语权严重不足，进口依存度大且受限制，这就造成了我国目前亚麻原料供小于求，价格居高不下。因此，在全球经济不景气的当下，我国亚麻产品出口必然雪上加霜。"任维明对现状非常清醒。在做丝绸时，金达有过被蚕茧制约的教训——必须致力于解决原料短缺的问题。经过多地勘察调研，考虑到亚麻所必需的水分、肥力、光照和积温的需求，最终将新疆的昭苏县作为公司的有机亚麻原料种植基地。

2007年，金达在新疆昭苏投资6000万元，建立亚麻原料生产基地——昭苏金地亚麻有限公司，实现我国有机雨露亚麻原料零的突破，改变中国亚麻产业两头在外、受制于人的窘困格局。同年12月，金达获得荷兰管制联盟颁发的有机纺织品证书。

任维明透露，在作为上游环节的原材料供应方面的布局将为金达控股贡献更为可观的利润，但在此环节上金达将面临较大的挑战，同时也孕育着机遇。

"你们用6年时间，完成了我们150年达到的品质和规模，你们创造了奇迹。"这是拥有近150年历史、全球最著名的亚麻纺纱企业——意大利LANIFICIO公司（一家全球顶级面料企业）董事长的评价。

"引智"数字工厂

在杭州湾跨海大桥北侧，有一座金达亚麻新厂房，在这家占地面积84亩的新工厂内，仅有450名工人，让这里看起来有点冷清。这是金达控股旗下的第三家工厂，先进的数字化管理设备为工厂生产安排着一切。

"大数据""智能制造""智慧工厂"是当下制造业最为时髦的词汇。

"生产规模大到一定程度后，仅靠传统的人工管理，企业就很难实现质的飞跃，金达要成为'百年老店'，还需要接轨时代，这就需要新方法为企业管理作支撑。"沈跃明说，"在纺织领域，亚麻产业小，用工多，设备陈旧。要想继续生存，就必须在现有基础上提高自动化和数字化水平，减少用工、降低成本、提升效率！"

制造成本和产量瓶颈只是外压，更重要的内因则是金达觉得自己有责任改变行业现状，让亚麻纺织摆脱低端的烙印，提升至自动化、数字化、信息化的新水平。所以它才迫切地需要寻找途径，把亚麻纺织产业从古典的"江南婉约女子"改造成时尚的"现代摩登女郎"。

金达"引智"，德国西门子公司进入视野。西门子在工业数字化领域的领先技术与先进经验吸引着金达，而西门子也一直在寻找机会把数字化工厂解决方案引入中国，双方很自然地牵了手。

2013年年初，西门子团队入驻金达亚麻工厂，但第一步就遇上了极大的挑战——亚麻纺织生产工艺包含梳成、并条、粗纱、漂煮、细纱、烘干、络筒、包装及运输这八道工序，每一道流程都应该参照规范有序进行，但现状却是经验在主导生产。比如亚麻纱线的生产配比。亚麻原材料每一批次的性质都有一定差异。那么生产特定规格的产品时各种亚麻的用量究竟需要多少？以前的金达只能靠人来解决——配比员依据自身的经验观察原料的色泽、质地，以此决定原料配比。这就造成系统的随机性太大，无标准和规范可言，制造企业生产过程执行系统（Manufacturing Exeuction System，以下简称 MES）将变成空中楼阁。

"要是源头上都混乱了，那之后追溯的意义也就不大。"金达控股数字化工厂项目总协调沈益飞对这个问题有十分深刻的认识。在西门子的建议下，金达购置了专业的检测设备，能够对原料的物理特性进行精准的检测。在系统运行一段时间后，配比员发现所有的原料大概可以分为六个档次，不同档次的原料又可以组合成三套以上的标准配方。检测结果将直接提供给 MES 系统，让采购部能对原材料进行清晰的划分，之后的生产计划才能井然有序地进行。

于是，让整个纺织业都头疼的原料配比难题就这么迎刃而解。经过一年多的努力，在西门子的帮助下，金达梳理出了包括计划管理、质量管理、设备管理、物料管理和作业管理在内的五大主要管理模块和 50 多个业务流程，相对应的关键功能点足有 56 个。

2014 年 10 月，西门子与金达控股正式签署战略合作协议，宣布双方将共同建设新的数字化工厂。这是西门子在中国除西门子工业自动化产品成都生产研发基地（SEWC）之外的又一个数字化工厂示范项目。标志着金达控股从传统制造企业向数字化工厂的转型升级。

但这仅仅是构建数字化工厂的开始，更多的问题接踵而至。

首先，金达老厂设备落后，很多老旧的设备根本没有数字采集系统。数据都采集不了的话，又谈何数字化，谈何生产透明化？为此，对老厂的部分设备进行了升级改造，借助传感器和工业通信网络，填补了老旧设备的数字采集能力。把底层设备数据连入 MES，自下而上打通工厂内部的信息流。

其次，在推行过程中，由于一线操作人员多是老员工，要他们直接操作现代化设备困难很大，这相当于要改变他们二三十年以来的工作习惯，很多人都感觉手足无措。金达的对策是为一线员工进行大量的精益生产培训，对于操作要求比较高的岗位进行分流，那些不愿意改变的人就被分流到其他岗位上去。除此之外，工程师还在系统的界面和操作方式上下了功夫，大部分的输入操作都被改成了扫描二维码，简单高效。

兵来将挡，水来土掩，一个又一个的难题被攻克下来。在 MES 系统试运行阶段，工厂的生产效率和管理水平都有了明显的提升，生产各个环节变得透明；管理变得精细化、标准化，一切都有章可循。

"经过此前的测试和试运行，我们对 MES 的运行情况非常满意。此外，智能功率模块（IPM）经过两年的应用，使工厂的备件、设备系统性管理也有了明显的改善。"任维明表示，"未来，中国制造企业正在全球市场扮演着越来越重要的角色，数字化工厂技术解决方案将帮助它们提升竞争力，赢得更多的市场机会。作为全球规模最大的亚麻纱制造商，我们相信数字化工厂的建立将帮助我们进一步提升竞争力。"

亚麻 "梦工厂"

"美丽从自然开始，亚麻源于阳光、大地、水，亚麻对环境是最大的恩赐。" "亚麻让人快乐，金达是亚麻的'梦工厂'。" 走进金达控股有限公司，无不感受到金达控股崇尚自然的企业文化。

近 5 年来，随着经济发展、生活水平提高、消费观念改变，亚麻消费明显增长。我们可以从优衣库、无印良品、海澜之家、江南布衣等一批内销品牌中的亚麻产品看出端倪，也可以从网络亚麻商店的广泛性看到希望。从百度大数据取样分析可知，2011—2016 年，国内消费者对亚麻的关注度均以每年 20% 左右速度增长。中国已经成为亚麻消费最主要的国家之一，而且未来市场潜力很大。

"金达控股目前每年业绩稳定增长，年均增长 20% 以上。" 任维明畅想："小行业就相当于一个小水池，金达控股希望做这个小池子里的大鱼——伴随亚麻消费需求的增长及产能扩充完成，实现突破的发展。"

谈及未来，任维明也作了分析，"一是世界亚麻生产布局变化。众所周知，中国加入 WTO 后的 15 年，也是中国亚麻工业发展最快的 15 年。在全球范围内，资源配置市场化，生产成本转移加快，西方亚麻工业基本转移到中国、印度等亚洲国家，基本完成一轮西麻东移，而中国亚麻工业也完成一轮北麻南移，以上海为中心的长三角地区和珠三角地区已经成为全球最主要的亚麻生产中心。二是全球亚麻消费市场格局变化。我们看到在欧洲、美国等传统亚麻消费市场继续保持基本平稳增长的态势下，亚洲亚麻消费市场的形成更出人预料。三是中国亚麻工业和亚麻市场的地位和作用越来越重要，近5年来中国每年进口欧洲打成麻量均在11万吨左右，80%左右的欧洲打成麻和二粗销往中国。中国亚麻纱线、亚麻坯布及亚麻制品贸易量已占全球贸易总量的60%以上，已经成为亚麻生产大国。"

"可以预见，未来亚麻行业将形成新型供应链生态圈。"任维明表示。

"金达作为全球最大的亚麻企业之一，我们一直致力于可持续发展，也一直致力于在可持续发展上成为全球行业中的典范。"任维明说，"金达致力于打造一个亚麻的'梦工厂'，这是品牌的由来，也是品牌的目标。在化纤产品快速发展的今天，受返璞归真意识影响的人们却对天然纤维产品倍加青睐。金达以自然、绿色、可持续发展为定位的纱线品牌开创了市场。"

第二十六篇
海利得：一根细丝成就的隐形冠军

黎光寿

在 2017 年 9 月 3 日刚刚结束的成都国际汽车展上，豪华品牌第一阵营的梅赛德斯—奔驰在 2400 平方米的超大展位上，带来了包括新款 AMG GT、C 300 轿跑车璨夜特别版、smart 魅蓝特别版及 AMG 各系列多款车型的超豪华展出阵容，其恢宏的展台布置、卓越的汽车品质和尖端的技术水平抹杀现场菲林无数。另一德系汽车巨头宝马同时坐拥 2400 平方米的奢华展位，携众多焦点车型诠释驾驶的震撼淋漓，其全新 M3、M4 车迷限量版演绎高性能的赛道精神，3 系 M 运动曜夜版亦开辟了动感个性新境界。捷豹、路虎、奥迪、英菲尼迪……64 场汽车品牌发布会精彩纷呈，引得镁光灯无数，让人目不暇接。

"安全"无疑是这些品牌长期风行世界的重大法宝。汽车厂商十分强调自己在安全上的卓越建树，比如车用的多个安全气囊、防扎轮胎、安全带等。这些不起眼的关键部件，多数来自于全球同行业排名前十的公司，但这些公司所使用的关键原材料——安全气囊丝、轮胎帘子布和安全带丝，有相当一部分来自于一家中国公司——浙江海利得新材料股份有限公司（简称"海利得"）。

海利得的主营业务包括涤纶工业长丝、轮胎帘子布、广告材料的生产研发与销售，其中最主要的就是安全带丝、安全气囊丝和轮胎帘子布。这家公司于 2008 年 1 月在深交所中小板上市，2016 年，公司实现销售近 26 亿元，在研究者和股民的口中，海利得是"中小板中的茅台"。

一根细丝成就业界奇迹

汽车安全非同小可，稍有差池就会造成巨大损失。因此，消费者在买车的时候，对汽车的安全性能尤其关注，其中安全带、安全气囊和轮胎是重要的考量因素。

在安全带和安全气囊方面，全球有奥托立夫、天合、高田、百利得等知名企业，这些企业均是海利得的客户。而在汽车轮胎方面，米其林、普利司通、大陆（马牌）、邓禄普、韩泰等耳熟能详的全球十强轮胎公司也都是海利得的客户。

海利得，浙江嘉兴的一家民营企业，A 股上市公司。公司业务领域涉及车用安全、广告材料、新材料三大领域，是全球车用纤维的主要制造商之一，是国家重点高新技术企业、浙江省诚信示范企业、浙江省绿色企业、浙江省工业行业龙头骨干企业，拥有浙江省级"重点企业研究院"。

在国际上，海利得在专业领域内有很高的知名度，却不一定为社会公众所知晓。但是，这家公司专注于汽车被动安全领域，通过安全带丝、安全气囊丝、高模低收缩丝和轮胎帘子布为世界主流汽车的安全保障默默地作出了贡献。

安全带的重要性不言而喻，不但要求高强度、耐磨、耐光照，还要求不污染衣物、不变色。海利得是国际上少数能生产高品质安全带丝的企业之一。在海利得的两个生产基地，涤纶工业丝产能已达 19 万吨，其中安全带丝产能约 4 万吨。

在海利得安全带丝生产车间内，纺丝设备高速运转，一卷一卷的丝饼整齐地放置在台车上，走近一看，一根根细如头发的白丝成缕状卷在中空的纸筒上，单个丝饼 11 公斤，细丝长达 10 万米，毛丝要严格控制在 2 个以内。精细的工艺过程控制，严格的检验流程把关，作业者按章操作，认真对待每一个制造环节，确保了产品品质的持续稳定。

在海利得研发涤纶气囊丝之前，全球的安全气囊用丝主要用的是锦纶 66（尼龙 66）。车用锦纶气囊丝基本由欧、美、日、韩企业生产，因为产品的技术门槛和质量门槛非常高，厂商认证极难，国内企业很难进入。由于锦纶 66 的原材料成本高，纺丝技术掌握在少数几个国际巨头手中，加之汽车行业对零部件供应商年降的要求，给海利得研发聚酯气囊丝提供了契机。从目前汽车安全领域的市场来看，涤纶气囊丝所占气囊用丝份额约 15%，业内权威厂商看好涤纶工业长丝替代锦纶 66 的未来趋势，预测市场份额可能会上升到 50% 以上。

使用海利得的涤纶安全带丝和安全气囊丝的汽车品牌目录里，有奥迪、宝马、福特、欧宝、兰博基尼、奔驰、保时捷、雷诺、大众、丰田和特斯拉等品牌。

轮胎帘子布是半钢子午胎的主要增强材料，海利得专业生产质量要求极高的通过纺织、浸渍工艺加工而成的聚酯帘子布。它为轮胎提供了承受高压、尺寸稳定等关键物性，是关系到轮胎操控性能和使用寿命的重要基础材料。海利得的浸胶帘子布主要供应米其林、大陆（马牌）、住友（邓禄普）、韩泰、优科豪马（横滨）、固铂等全球知名品牌。

海利得依托于强大的研发能力、先进的生产设备、领先的工艺技术、优良的产品品质，撬动了由美日韩企业长期垄断的市场。海利得拥有自主知识产权，产品的研发与工业化迭代快速，一直处于引领市场的地位。

抓住机会推动材料变革

梳理海利得的发展史，就会发现这家企业和中国许多传统制造企业不一样，海利得是一家只要抓住机会，就能推动行业材料变革的创新型企业，这在其汽车产业三大纤维（安全带丝、气囊丝、高模低收缩丝）及轮胎帘子布的产品和服务创新方面表现得尤为突出。

1999 年 12 月，民营企业家高利民成立海利得经编厂，主要生产灯箱布及上游产品；2000 年 3 月升级为海利得土工新材料。海利得舍得投入研发，其研发投入长期保持在 3% 以上，在研发新产品时，高利民一方面带领技术人员反复跟供应商沟通、试样，另一方面积极引进人才，还专门聘请有经验的生产、技术、设备专家加盟，领导技术攻坚，自主研制了 2.5 米、4.6 米门幅的贴合设备，新型的宽幅灯箱布迅速得到了市场的广泛认可。

21 世纪初，海利得进入了发展快车道。具有强烈忧患意识的企业领导人高利民，越来越强烈地感受到"低端没有希望、中高端才有出路"。但是，走中高端之路谈何容易，扩大企业产能、更新先进设备、招引优秀人才都需要更有力的财务支持。在当时民营企业主无法接受"拼老板"这种股权合作方式的大背景下，高利民抱着开放的心态实施股改，于是，海利得在 2001 年适时引进了万向创投、中大集团，并于当年成立了浙江海利得新材料股份有限公司，弥补了资金短板，为企业较快发展奠定了坚实基础。企业股改后，他立即干了两件大事：第一件大事是抓人才储备，借助媒体向社会大批招聘大中专人才，为企业发展积蓄力量。第二件事是抓设备更新，引进了亚洲第一台 4 米宽幅压延机，当时上海一家业界知名企业也只有 2.2 米宽幅的压延机。

2002 年年初，海利得灯箱布等系列产品产销两旺，独具战略眼光的高利民又瞄准了产业上游的涤纶工业丝领域。高利民深知需要合适的人才帮助他实现海利得进入新产业领域的发展规划，求贤

海利得产品

若渴的高利民盛情邀请上海石化高级工程师葛骏敏加盟海利得。葛骏敏在涤纶工业丝的技术研发、生产等方面具有丰富的专业经验，也正是他，成为海利得涤纶工业丝的里程碑式人物。

2003 年，海利得从日本东丽公司引进了生产技术和设备，成为全国首家生产涤纶工业丝的民营企业，实现了产业转型升级的又一次创新和华丽转身。当时的汽车用工业长丝基本被锦纶 66 垄断，锦纶 66 的生产也基本被欧美韩日企业垄断，但涤纶工业丝在强度、弹性和耐热性等方面要比锦纶更好，只是技术难度更复杂。在全体团队成员的共同努力下，海利得经过反复论证，聚焦国内外高端市场，提早布局车用丝的研发，在中国民营企业中率先进军涤纶工业丝领域，试点研发车用涤纶工业丝等新产品。

海利得成功开发生产的高模低缩丝，先后通过了固特异、大陆（马牌）、米其林、普利司通等公司的认证，打破了欧美日韩等国企业的垄断，真正意义上实现了高模低收缩丝国产化。经过十几年的发展和创新，目前高模低收缩聚酯工业丝已经成为全球的顶尖品牌，成为普利司通轮胎、米其林轮胎、大陆轮胎（马牌）、住友轮胎等国际一线品牌轮胎公司的主要供应商。

在车用安全带领域里，涤纶工业丝一直被大量使用，且都是被欧美日韩等国的企业所垄断。海利得从 2004 年开始对安全带丝进行量产研发，迅速开发生产出高品质的涤纶安全带丝，很快通过了奥托立夫、天合、高田等总成商的认证并实现批量供货。经过十几年的发展，已经成为全球第一大车用安全带原丝供应商，全球市场占有率 30%。

2005 年在法兰克福展会上，葛骏敏结识了天合汽车集团的高管，双方经过多次的交流，决定联合开发涤纶气囊丝。经过两年多的共同研发，2007 年海利得公司与天合汽车集团合作成功开发出涤纶安全气囊丝，成为全球第一家使涤纶纤维在汽车安全气囊领域里商品化的涤纶工业丝制造商，同时，引领了汽车安全气囊从单一的使用锦纶 66 原材料向使用涤纶工业丝、锦纶 66 齐头并进地发展，目前海利得是全球最大的涤纶气囊丝供应商。

轮胎帘子布是高模低缩丝的下游产品，半钢子午胎一般由 1—2 层胎体帘子布和 2 层钢帘线与天然胶、合成胶、炭黑及一些助剂成型硫化而成。海利得的高模低缩丝强力高、尺寸稳定性好，赢得了国际客户的充分认可。在一些主要欧美客户的建议要求下，海利得的轮胎聚酯帘子布项目于 2011 年年底投产，先后通过了米其林、普利司通、大陆（马牌）、邓禄普、韩泰、优科豪马（横滨）等公司严苛而繁复的产品认证，进入其全球供应商采购目录。

正是有海利得董事长高利民的前瞻决策，有一群志同道合的人建立了共同的信念和目标，有全体成员坚韧不拔、勇于创新的精神，海利得公司在市场、技术、产品上取得了不菲的成绩。海利得的努力也获得资本市场的青睐，2006 年成功引入了中国比利时投资基金，这是海利得上市之前引入的最后一笔战略投资资金。2008年 1 月 23 日，海利得在深圳证券交易所成功挂牌交易，开启新的发展里程。

目前，全球最大的轮胎、安全带和安全气囊的总成商米其林、普利司通、大陆（马牌）、邓禄普、韩泰、优科豪马（横滨）、奥托立夫、天合、高田、百利得等都成了海利得的长期稳定客户；由海利得产品制成的安全带、安全气囊及轮胎，普遍应用到奥迪、宝马、福特、欧宝、兰博基尼、奔驰、保时捷、雷诺、大众、丰田和特斯拉等著名汽车品牌上。

从 2002 年 12 月开始建设工业丝项目起到 2016 年年底，海利得的高模低收缩丝、安全气囊丝、安全带丝、轮胎帘子布的产能分别约为 6 万吨、3 万吨、4 万吨和 3 万吨。目前，海利得与汽车相关产品的销售额约占总销售额的三分之二。

与挑剔的客户合作

2011 年，海利得公司控股股东、实际控制人高利民之子高王伟担任总经理，全面负责海利得的日常经营管理。在既有的成绩面前，如何让企业更上一层楼成为新的课题。

作为"创二代"，高王伟不再是过去苦海求生的企业家，他对企业有自己的理解，在他的主导下，海利得上下同欲，明确企业愿景是"在专业领域内，成为全球领先的产品与服务提供商"。海利得管理层的共识是——高端产品需要高端服务、高端服务支撑高端产品，无论是在车用安全领域、广告材料领域还是在新材料领域，集中资源持续开发好、维护好和服务好中高端目标客户。

这样安排的原因是：海利得作为上市公司，在相应的国情和大环境下，必须注重合规经营，而合规经营必然需要较高的成本和费用，如果过度关注成本，反而有可能导致质量方面的风险，还不如直接瞄准中高端目标客户。因此，以精益求精追求卓越的态度，稳定并提升产品品质满足客户要求，才是企业生存和发展的王道，海利得团队提出了"以更好的品质贡献社会"的企业使命。

"中高端客户对单纯的价格竞争是不感兴趣的，关键是高端轮胎厂提出新的要求而我们去满足，用户才会对我们感兴趣，要用这种方式跨入行业，不然我们永远是第三梯队的供应商，而不能成为第一梯队的，做生意也好，研发产品也好，都是要和挑剔的客户去做，这样我们自己的提升会比较快。"海利得高管介绍，与挑剔的客户合作"成为公司的一大战略"。

其实从行业供求关系来看公司的战略，也是不得不这样做的——海利得所在行业中，普通产品普遍供大于求，以低收益换取市场份额并不可取，这有可能导致企业不能盈利。依赖前期的大规模高效设施投入支持大批量生产的成本领先战略，在这一行业中也是不可行的。

"领先用户法"是来自麻省理工学院的研发方法，在海利得也得到贯彻，高王伟在内部讲话中强调"涤纶气囊丝是和天合汽车集团一起合作开发的，开发出来就是有方向的；和客户联合开发效果是最好的"，"客户群是需要区分的，一定要和顶尖的客户一起开发新产品"，"回过头来想想我们差异化产品做得好，都是和全球领先的客户研发的。"

作为一家引领行业发展的企业，海利得下一步的发展是围绕未来 3—5 年的产品重点，建立以目标客户为导向，以研发技术体系和生产体系为核心的运营体系，通过技术研发水平的提升，研发实力的积累和生产效率的提升，不断提高产品研发实力、产品工艺技术开发和改进能力，进一步增强自身核心竞争力。这就是海利得的另外一项"差异战略"——通过公司独特的设计、产品形象、技术实力以及独特的功能、客户服务、渠道与商业模式，在产品的品质、专利、创新力、周边服务以及售前和售后服务、品牌各方面的优势，为客户提供全行业认可的独特产品和服务。

其具体的做法是：借助研究院的平台，与权威机构签订研发合同，有效开发新材料，开展基础研究，解决难题，持续保持和提升产品品质；引进行业中全球领先的人才，保持产品的领先水平；同时要创造吸引高级研究人员、创造性人才和高技能职员的物质设施；为客户提供同行无法实现的，满足目标客户个性化需求的，不同于竞争对手的价值链、营销、制造、物流服务。

如果说，海利得在专业领域内已经取得的成功，得益于两个方面，一是始终专注于主业，做精做强；二是必须善于整合资源，通过 IPO、定增等融资手段和持续引进行业高端人才打造专业团队，实现海利得持续健康稳定发展。高王伟表示：未来，海利得将依然迈着稳健的步伐，高度专注专长领域，坚持以质量为主要竞争优势，以技术研发和创新为价值驱动，致力于成为全球化的先锋！

策　　划：杨松岩

责任编辑：周文婷

封面设计：石笑梦

图书在版编目（CIP）数据

寻找中国制造隐形冠军 . 嘉兴卷 / 魏志强，王玲玲 主编 . — 北京：
人民出版社，2017.12

ISBN 978 - 7 - 01 - 018566 - 8

I.①寻… II.①魏… ②王… III.①工业企业 - 介绍 - 嘉兴 IV.① F425

中国版本图书馆 CIP 数据核字（2017）第 281838 号

寻找中国制造隐形冠军（嘉兴卷）

XUNZHAO ZHONGGUO ZHIZAO YINXING GUANJUN (JIAXING JUAN)

寻找中国制造隐形冠军丛书编委会　编

魏志强　王玲玲　主编

人民出版社 出版发行

（100706　北京市东城区隆福寺街 99 号）

北京盛通印刷股份有限公司印刷　新华书店经销

2017 年 12 月第 1 版　2017 年 12 月北京第 1 次印刷

开本：710 毫米 ×1000 毫米 1/16　印张：19.25

字数：223 千字

ISBN 978 - 7 - 01 - 018566 - 8　定价：68.00 元

邮购地址 100706　北京市东城区隆福寺街 99 号

人民东方图书销售中心　电话（010）65250042　65289539